九州文库

梅洛-庞蒂『表达』理论的美学效应研究

杜超 著

九州出版社
JIUZHOUPRESS

图书在版编目（CIP）数据

梅洛-庞蒂"表达"理论的美学效应研究／杜超著.
－－北京：九州出版社，2023.9
ISBN 978－7－5225－2082－7

Ⅰ.①梅… Ⅱ.①杜… Ⅲ.①梅劳·庞蒂（Merleau·
Ponty 1908-1961）—美学—研究 Ⅳ.①B565.59②B83

中国国家版本馆 CIP 数据核字（2023）第 155276 号

梅洛-庞蒂"表达"理论的美学效应研究

作　　者　杜　超　著
责任编辑　蒋运华
出版发行　九州出版社
地　　址　北京市西城区阜外大街甲 35 号（100037）
发行电话　（010）68992190/3/5/6
网　　址　www. jiuzhoupress.com
印　　刷　唐山才智印刷有限公司
开　　本　710 毫米×1000 毫米　16 开
印　　张　13
字　　数　161 千字
版　　次　2023 年 9 月第 1 版
印　　次　2023 年 9 月第 1 次印刷
书　　号　ISBN 978－7－5225－2082－7
定　　价　85.00 元

前　言

梅洛-庞蒂是20世纪极具影响力的法国哲学家，他的现象学研究在继承胡塞尔相关思想的基础上，借鉴海德格尔的存在论，创造性地将身体的范畴引入其中，形成了独特的身体现象学。与此同时，他并不满足抽象的哲学描述，而是在研究中加入对文学、艺术的探讨，这使得他的理论对美学研究产生了深远影响。本书以梅洛-庞蒂的"表达"理论为线索，从身体表达、语言表达、绘画表达三个方面来探讨不同的表达与存在的关联，发掘其理论的美学效应，旨在为当代美学研究提供一种方法论工具。

本书由绪论、正文、结语三部分组成。绪论部分对本书的研究价值、国内外研究现状、研究内容等背景知识作了概述。正文部分由三章组成，首先是结合阿尔托的残酷戏剧理论及莫里斯的当代艺术实践，探讨身体表达的美学效应；其次是参照梅洛-庞蒂对语言的讨论，分析兰波、蓬热、西蒙等文学家在作品中的语言表达，探讨其理论在文学领域的应用；最后是从梅洛-庞蒂后期对艺术的思考入手，以塞尚、克利的绘画为例，研究绘画如何表达存在。结语部分在对正文作概括的基础上，客观探讨了包括福柯、德勒兹等哲学家对梅洛-庞蒂的批判。无论如何，对于梅洛-庞蒂而言，表达都是主体与存在间关联的表达，他的哲学描述亦是如此，这是一种动态的指引，通过他的哲学表达，读者打开了存在的场域。

目　录
CONTENTS

绪　　论

一、梅洛-庞蒂"表达"理论的研究价值

（一）理论价值

对表达（L'expression）理论的考察是回溯梅洛-庞蒂哲学之旅的线索之一，它贯穿着梅洛-庞蒂的整个哲学思考。表达指代着一种可以在言说中、有生命的身体中、艺术作品中、被感知的事物中遇到的本体论结构，它也包含在由内向外和由外向内的相互转变中，以及离开自身又回返自身的相互运动中，它一直引导梅洛-庞蒂从早期的《知觉现象学》到后期的本体论建构，而在这一过程中，表达逐渐从主体性的范畴中解放出来。在早期的思考中，身体被看作主体与其所在世界存在论联系上的原初表达；在中期，受结构主义语言学的影响，语言也被看作表达存在的面向；而在后期，随着人们对艺术的持续关注，艺术亦成为主体与世界打交道的表达方式。而在梅洛-庞蒂并未完成的肉身本体论建构中，表达成为肉身这一元素的运动，正是基于这一运动，世界的万事万物得以形成。

遗憾的是，对"表达"理论的研究尚未引起人们足够的重视。在艺术领域对梅洛-庞蒂美学思想的研究中，大多数仍围绕诸如知觉、身

体等老生常谈的概念进行，这在一定程度上限制了研究的视域。而以"表达"理论为线索，探究梅洛-庞蒂的美学思考，一方面可以为窥探其思想提供一条全新的线索；另一方面能对梅洛-庞蒂提及的相关文学、艺术作品进行全新的解读。

（二）实际应用价值

本研究并不满足就梅洛-庞蒂的美学思想进行理论探讨，而是要在理论研究的基础上，抽象出其以表达为核心建构的研究方法，并将此方法应用于相关的美学研究中，从而为当前的美学研究提供一种新的切入路径。

二、国内外研究现状

（一）国内研究现状和趋势

国内对梅洛-庞蒂"表达"理论的研究较少，相关的著作仅两本。第一本是唐清涛的《沉默与语言：梅洛-庞蒂表达现象学研究》（2013），从现象学的视域出发，分别探讨知觉、身体、语言、文化与表达之间的关系，以哲学层面的理论探讨为主，并未涉及梅洛-庞蒂的相关美学思想。第二本是宁晓萌的《表达与存在：梅洛-庞蒂现象学研究》（2013），仍是从哲学的研究视域出发探讨表达问题，仅有一章涉及梅洛-庞蒂针对绘画表达做出的反思，但未结合具体的艺术作品进行深入分析。

探讨梅洛-庞蒂"表达"理论的文献也相对匮乏，仅有四篇，分别是唐清涛《意义的生成与表达——论梅洛-庞蒂早期意义与表达问题》（2005），以梅洛-庞蒂早期的文本为参照，探究表达与知觉、语言之间的联系；宁晓萌《梅洛庞蒂中期哲学中的"表达难题"》（2011），以发生现象学的方式揭示表达的实存论意义，并探讨"表达"理论与其存在论之间的关系；张颖《如何看待表达的主体——梅洛-庞蒂〈塞尚的怀疑〉主题探讨》（2015），以表达为核心，在细读文本《塞尚的怀疑》的基础上，探究梅洛-庞蒂对塞尚绘画的论述；舒志锋《表达、场域与气氛：梅洛-庞蒂的知觉理论与极简主义艺术》（2020），将梅洛-庞蒂对表达与知觉的论述作为方法论工具，研究安东尼·卡洛、理查德·塞拉等极简主义艺术家的作品。

可以看出，目前国内对梅洛-庞蒂"表达"理论的研究相对较少。在仅有的研究中，从美学视域出发的研究更是欠缺。大多数研究停留于理论层面的探讨，侧重研究表达与其他概念之间的关联，而较少以表达为核心，探究其在美学中的应用价值。于是，梅洛-庞蒂后期美学思想中涉及的画家、艺术家、文学家被忽略，这就导致当前的研究并未从梅洛-庞蒂的美学思考中抽象出其关于表达的方法论工具，更毋谈其应用价值了。

（二）国外研究现状和趋势

国外探讨梅洛-庞蒂"表达"理论的著作仅三本。第一本是米歇尔·布莱德利·史密斯的《梅洛-庞蒂的表达哲学》（"Merleau-Ponty's Philosophy of Expression"，1979），主要是从哲学层面进行思考，追溯表达这一概念的哲学传统，从斯宾诺莎、莱布尼茨等哲学家对表达的论述出发，结合梅洛-庞蒂的现象学视域，探讨表达这一概念在梅洛-庞蒂思想中的演变，探究表达与知觉、语言之间的关联，而较少涉及其针对艺术做出的反思。第二本是维霍尼克·佛迪的《追溯梅洛-庞蒂思想中的表达：美学，生物哲学与本体论》（"Tracing Expression in Merleau-Ponty：Aesthetics，Philosophy of Biology，and Ontology"，2013），结合表达的概念，探讨了其在美学、生物哲学、本体论中的运用。在探讨美学的部分，作者主要借助《眼与心》这一文本，研究梅洛-庞蒂对画家塞尚的分析,而并未涉及梅洛-庞蒂对其余艺术家、文学家的思考,因此并未将其理论抽象为一种具有普适性的方法论工具。第三本是多纳德·兰德斯的《梅洛-庞蒂与表达的悖论》("Merleau-Ponty and the Paradoxes of Expression",2013)。兰德斯通过对梅洛-庞蒂"表达"理论的历时考查,揭示出了表达的"悖论性逻辑",借此,身体与心灵、自我与他人、主体与客体等这些在传统哲学中呈对立状态的概念得以相互融合。全书以梅洛-庞蒂的历时思想发展为线索,侧重理论层面的研究,探讨了不同时期表达的悖论性逻辑。但涉及其美学思考的篇幅较少,也并未结合具体作品进行分析,因此,此研究仍停留于对"表达"理论的思想梳理层面。

而针对梅洛-庞蒂"表达"理论的文献,可分为以下几种类型:其一,就表达与梅洛-庞蒂其他相关概念的关系进行探讨。如莫妮卡·朗格的《身体作为表达与言语》("The Body as Expression and Speech",1989),是以梅洛-庞蒂早期的《知觉现象学》为参照,探讨身体与表达间的关联;丹尼尔·慈法的《经验与表达:论梅洛-庞蒂的思想》("L'experience et l'expression:essai sur la pensee de Maurice Merleau-Ponty",1989),着重探究表达与经验的关系;海登基的《语言与表达的现象学与本体论:梅洛-庞蒂论言说与被言说的言语》("Phenomenology and Ontology of Language and Expression:Merleau-Ponty on Speaking and Spoken Speech",2018),侧重梅洛-庞蒂思想中期对语言与表达间关系的论述。其二,对比梅洛-庞蒂与其他哲学家关于表达的不同论述。如让-皮埃尔科密特的《梅洛-庞蒂,维特根斯坦及表达问题》("Merleau-Ponty,Wittgenstein,and the Question of Expression",2002);艾丽莎·玛格丽的《黑格尔,梅洛-庞蒂及表达的悖论》("Hegel,Merleau-Ponty,and the Paradox of Expression",2019);劳拉·麦克马洪的《自由作为（自我）表达：梅洛-庞蒂与阿伦特论行动中的生产性与暂时性》（"Freedom as Self-Expression：Natality and the Temporality of Action in Merleau-Ponty and Arendt"，2019）。其三，将"表达"理论作为方法论，分析某一特定的艺术类型。如安娜·彼得罗妮拉·弗梯亚的《舞动的身体与创造性表达：关于梅洛-庞蒂现象学的反思》（"The Dancing Body and Creative Expression：Reflections Based on Merleau-Ponty's Phenomenology"，2014），主要分析舞蹈中身体的表达；朗达·西乌的《表达与沉默：梅洛-庞蒂存在现象学中的音乐与语言》（"Expression and Silence：Music and Language in Merleau-Ponty s'Existential Phenomenology"，2018），集中探讨"表达"理论在音乐中的运用。

相比国内的研究，国外对梅洛-庞蒂"表达"理论的研究规模相对较大。但在这些研究中也存在些许问题。首先，缺乏对"表达"理论的系统性研究。大部分研究是就梅洛-庞蒂特定时期对表达的看法展开论述，而忽视了其思想的连贯性，因此无法从整体上探究其"表达"理论演变的过程。其次，较少涉及对梅洛-庞蒂美学思想产生影响的画家、文学家、艺术家等的观点，如画家保罗·克利关于绘画中可见与不可见关系的论述、克洛德·西蒙的书写等，这些思想均对梅洛-庞蒂的"表达"理论产生了影响，在不梳理此关联的基础上，将其"表达"理论析取出来，并应用于对艺术的分析，有误读之嫌。

三、研究目标、研究内容及创新之处

（一）研究目标

本书拟以梅洛-庞蒂较少受到关注的"表达"理论为基点，探讨在不同时期梅洛-庞蒂对这一理论的阐释，并结合特定时期梅洛-庞蒂提出的其他观点，将"表达"理论置于整体层面来思考。在这一过程中，

以梅洛-庞蒂论述过的文学家、艺术家等人的作品为依托，探究"表达"理论与作品解读间的关联，在此基础上，抽象出关于表达的方法论工具，并进一步将其应用于美学的批评实践上，以此为美学研究提供一条新的研究思路。

（二）研究内容

第一部分，以梅洛-庞蒂对身体问题的理论探讨为基础，结合安托南·阿尔托的残酷戏剧理论及极简主义艺术家罗伯特·莫里斯的创作，探讨梅洛-庞蒂思想中的身体表达及其应用。在早期的著作《知觉现象学》中，对身体的思考是梅洛-庞蒂的研究出发点。在参照海德格尔存在论哲学的基础上，他将身体的使用看作一种原初表达，它是表达主体与其所在世界关系的方式。身体的姿势、动作的改变均意味着主体与世界关系的变更。在这一时期开设于法兰西学院的课程中，梅洛-庞蒂论述了戏剧表达中身体的使用，在他看来，戏剧是一种直接以身体为介质的艺术形式。而在当时的法国戏剧界，对戏剧中身体作用的强调也反映在残酷戏剧的创始人——安托南·阿尔托身上，在阿尔托看来，他的残酷戏剧正是关于身体的现象学，演员身体的使用不是机械的动作搬演，而是要直抵生存的核心。于是，梅洛-庞蒂的戏剧思想与阿尔托有了交集。而当《知觉现象学》的英译本于1962年在美国出版后，极简主义艺术家罗伯特·莫里斯也深受梅洛-庞蒂的思想影响，后者关于身体的思考直接影响着前者的艺术实践。因此，以身体表达为线索，既可以对梅洛-庞蒂早期关于身体的思想做出梳理，又可以进一步探讨其思想在戏剧、艺术等层面的应用。

第二部分，研究梅洛-庞蒂思想中期对表达与语言间关系的看法，并结合他提及的诗人（如兰波、马拉美、蓬热）及小说家克洛德·西蒙的作品，探究语言表达在文学中的应用。早期的梅洛-庞蒂也曾关注语言，但他是将语言当作知觉的工具来看待的。到了中期，由于受索绪尔结构主义语言学的影响，他阅读了大量包括本维尼斯特、房德里耶斯等语言学家的著作，结合海德格尔对语言的论述，他将语言表达与存在联系了起来。梅洛-庞蒂从索绪尔的理论中吸取了符号的区分性原则，但他反对索绪尔对整体语言的重视，在梅洛-庞蒂看来，个体的言说才是语言研究的重点。海德格尔将存在看作语言之家，受这一思想的影响，梅洛-庞蒂亦将语言表达看作存在的面向之一。而在语言表达中，诗歌语言是最为特殊的，它属于梅洛-庞蒂意义上"言说的语言"，一种不断处于生成状态的语言，能指不断脱离固定的所指而处于逃逸状态，诗歌语言的形成因此具有了一种偶然性。而在法国新小说作家克洛德·西蒙的作品《弗兰德公路》中，梅洛-庞蒂也看到了这种偶然性。西蒙小说的无叙述主体、时空混乱、非线性写作等特点使梅洛-庞蒂看到了语言自身的无规律运动，文本的形成不再是作者主观加工的结果，相反，能指具有肉身性，它自身就可以不断运动。所以，结合梅洛-庞蒂对语言表达的论述，分析相关的诗歌与小说作品是其"表达"理论在文学上的应用。

第三部分，以梅洛-庞蒂后期对绘画的思考为出发点，参照保罗·塞尚、保罗·克利等画家的作品，探究绘画表达的思想。梅洛-庞蒂在其思想后期，对绘画给予了特别的关注。在他看来，绘画是画家同世界打交道的方式，呈现在画布上的作品不是对世界的客观再现，而是画家记录变动中的世界在其眼前短暂结晶的方式。梅洛-庞蒂从塞尚的绘画中看到了存在的暂时结晶状态，而在克利的绘画中，他看到了绘画中可见与不可见之间的转换，这种转换之所以成为可能，便是由于存在自身的多样态。由此，从梅洛-庞蒂将绘画看作表达的观点出发，结合对他产生影响的两位画家的作品，可以进一步看到其表达思想在绘画分析上的价值。

（三）创新之处

要把握梅洛-庞蒂整体思想之流变，需要阅读其全部著作，要兼顾其法文原著及英译、中译版本。梅洛-庞蒂的部分著作是以课程笔记的形式出版的，记录较为分散并缺乏相应的系统性，这就需要结合其特定的思想背景理解其笔记中的思想碎片，因此，对文字材料的整理、归纳是本研究首先要突破的难点。同时，梅洛-庞蒂对语言的使用是含混的，同样的术语在不同语境下会产生不同的意义，这就需要在理解其思想时，始终以其思考背景为依托，梅洛-庞蒂的写作风格也为把握其思想带来了困难。最后，对梅洛-庞蒂产生影响的文学家、艺术家大多思想晦涩，西蒙的《弗兰德公路》因晦涩难懂而错失龚古尔文学奖，画家克利绘画中的神秘符号一直受到学界关注，因此，在对其作品进行阐释时，需要了解相关的创作背景，再结合梅洛-庞蒂的阐释，方能减小误读的可能性。

基于对以上难点的克服，本书的创新之处有以下三点：

第一，尽管梅洛-庞蒂在不同时期对"表达"理论的阐释彼此相异，但其思想的连续性并未中断，相反，它隐含了一条内在的思想脉络。这是本书论证的前提观点。以往的研究总是割裂梅洛-庞蒂思想的一致性，有以偏概全之嫌。本书通过追溯不同时期对梅洛-庞蒂产生影响的思想，以探讨其"表达"理论与身体（尤其格式塔心理学、临床病理学对身体的阐释）、与语言（尤其索绪尔的结构主义语言学）以及与绘画（以塞尚、克利等现代画家为代表）之间的关系。

第二，在做理论梳理的基础上，将其"表达"理论用作方法论工具，分析不同的艺术作品。梅洛-庞蒂的"表达"理论不是僵化的、封闭的，而是处在不断的动态过程之中，这一特点使得其可以适配于对不同艺术作品的解读。

第三，对梅洛-庞蒂提及但并未进行深入分析的艺术家、文学家的作品做全新的阐释，以期为理解相关作品提供一种新的研究视域。

第一章

身体作为表达

第一节　身体、肉身与原初表达

身体（le corps）作为梅洛-庞蒂哲学研究的主题之一，始终贯穿其整个哲学旅程。在早期的著作《行为的结构》中，他借助生理学与心理学对行为的结构进行了探讨，并在此基础上提出关于心身问题的思考，而在《知觉现象学》中，他就身体的运动性、空间性与性欲展开了论述，并进一步将身体的使用看作主体与世界原初关联的表达，这一观点在其中期（1950—1954）的思想中得到深化。在后期，梅洛-庞蒂在建构本体论时，提出了肉身（la chair）这一概念，凭借肉身这一基本元素的运动，主体与他人、与世界交织。在不同时期，尽管梅洛-庞蒂对身体的阐释各有倚重，但整体而言，身体始终被看作一种表达意义、表达主体在世存在的方式。这种对身体的重视源自梅洛-庞蒂对胡塞尔哲学的批判与对海德格尔思想的承继。在梅洛-庞蒂看来，胡塞尔现象学还原的结果是这种纯粹还原的不可能性。由于"胡塞尔强调的是意识活动的优先性，世界不过是意识活动的构造物"①，因此现象学还原最终成为先验意识的构造，这使得现象学成为一种为梅洛-庞蒂所批判的反思哲学。正是基于此，梅洛-庞蒂开始借助海德格尔的存在论来解决现象学面临的这一问题，他指出，"现象学还原是一种存在的还原，海德格尔的'在世存在'只能在现象学还原的基础上显现"②。借此，现象学重新找回了其存在的"大地"（La Terre）。但主体不是形而上地存在的，它需要一定的介质作为依托，这一介质便是身体，"大地的存在与我活生生的身体之间有种亲密关系"③，于是，身体成为主体在世存在的根基，身体的每种使用皆是表达主体与世界原初联系的方式，"身体以多种方式表达意义，而这些表达比言说更为基本：言说是前语言行为的完善、特殊化与延伸，而前语言行为已被授予了人在世界上的意义"④。

一、含混的身体

梅洛-庞蒂对身体的界定是在对心身二元论批判的基础上进行的。心身二元论以笛卡尔为代表，在笛卡尔看来，身体是只有广延而无思想的物体，心灵则是有思想而无广延的存在，二者具有完全不同的属性。因此，心灵与身体是两个分离的实体，无法相互作用，而"我思故我在"意味着作为主体的"我"是一个纯粹的心灵实体，凭借其能够进行普遍怀疑的思维而存在，与身体无涉。可以看出，在此种意义上的身

---

① 杨大春. 杨大春讲梅洛-庞蒂［M］. 北京：北京大学出版社，2005：68.

② Maurice Merleau-Ponty. Édition établie par Claude Lefort，Œuvres［M］Paris：Éditions Gallimard，2010：665.

③ Maurice Merleau-Ponty，Edited by Leonard Lawlor&Bettina Berge，Husserl at the Limits of Phenomenology［M］. Evanston：Northwestern University Press，2002：9.

④ Maurice Merleau-Ponty. Consciousness and the Acquisition of Language［M］. translated by Hugh J. Silverman. Evanston：Northwestern University Press，1973：8.

体是"一堆物质性的、惰性的东西"①，是没有主动性的存在。与此相对，梅洛-庞蒂提出，"身体被领会为我们的活动的活的躯壳"②。

这一观点从根本上颠倒了身体的被动地位，赋予身体以自主性。身体不再是僵死的，不再相对于心灵而处于附属地位，它是活生生的（vécu），是具有主动探索功能的。但身体的自主性并不意味着身体可以决定心灵，因为这仍是就心身二元分裂的立场来说的，梅洛-庞蒂意义上的身体是基于心身一元论的视域而言的，身体不再如笛卡尔所言，是由肢体与器官的拼凑而形成的。相反，它是包含了心灵的身体，是灵性化（animée）的身体，是含混（ambiguïté）的身体。"含混意味着超出于二元对立，它要求我们放弃拥有绝对或者绝对知识的权利"③，而这正是身体的本己特性。身体既可以观看外物，也可以被外物所观看，它既是具有能动性的主体，也是可被观察的客体。"身体脱离了主体与客体的传统概念性区分，它位于第一人称与第三人称之间。"④ 含混的身体是主体在世存在的根基，作为主体的"我"就是我的身体。此种意义上的身体既不是自然科学意义上的纯粹生物性对象，也不能被看作主体发挥主观性的实施工具，它是兼具能动性与对象性的存在，是我们在世存在的支点，是"我们在世界中的表达，是我们的意向的可见形式"⑤。

主体的在世存在意味着主体必须与世界、与其所在的境遇打交道，

---

① [法]梅洛-庞蒂. 行为的结构 [M]. 杨大春，张尧均，译. 北京：商务印书馆，2018：278.
② [法]梅洛-庞蒂. 行为的结构 [M]. 杨大春，张尧均，译. 北京：商务印书馆，2018：278.
③ 杨大春. 杨大春讲梅洛-庞蒂 [M]. 北京：北京大学出版社，2005：46.
④ Rosalyn Diprose & Jack Reynolds edited. Merleau-Ponty：Key Concepts [M]. London：Routledge，2008：113.
⑤ 高宣扬. 法兰西思想评论·第5卷 [M]. 上海：同济大学出版社，2010：166.

当主体凭借身体这一媒介与世界发生联系时，身体的每个动作、每种姿势均是主体参与世界的方式。当主体在实践身体的功能时，他已然进入了与世界的动态交互过程之中，这是一种具有整体性的全身式参与和投入，"身体是在世存在的载体，对于有生命的东西来说，拥有一个身体就是参与到一个确定的境遇中，与一些计划相混合并持续投入其中"①。身体作为锚定点，将主体与世界双向地联结起来。"身体是我触摸世界、介入世界的地方，也是世界触摸我的地方。"②在《知觉现象学》中，梅洛-庞蒂结合相关病理学的临床案例，对身体参与世界的方式做了进一步说明。他观察到，有一些失去特定肢体的病人仍声称自己感觉到了已失去肢体的存在。这并非如心理学所解释的那样，是病人仍希望有一个健全身体的存在，因此对残缺的身体进行了否认。在梅洛-庞蒂看来，这种病人所产生的幻肢现象恰恰是与其所处的境遇相关的，换言之，是病人仍然保留了健全身体所拥有的实践场（le champ pratique）。按照梅洛-庞蒂的阐释，身体具有两个不同的层次：一是习惯身体的层次，二是当前身体的层次。对于幻肢病人来说，前者是他拥有健全身体时所处的层次，而后者便是截肢后所处的实际境况。需要注意的是，有些病人在没有截肢的情况下，由于大脑的器质性病变或损伤，也会造成部分肢体的功能性缺失，从而无法感知其存在。尽管身体的这两个层次不同，但二者之间是相互关联的。尽管梅洛-庞蒂指出，身体每一动作、每一姿势的改变都意味着主体与其所在世界关系的改变，意味着主体参与世界的方式的改变，就此身体可被看作具有瞬时性的、不断处于运动变化之中的存在，但这并不意味着过去的身体姿势与动作是稍纵即

① Maurice Merleau-Ponty. Édition établie par Claude Lefort. Œuvres［M］. Paris：Éditions Gallimard，2010：760.

② John Russon. Embodiment and Responsibility：Merleau-Ponty and the Ontology of Nature［J］. Man and World，1994，27.

逝、无法捕捉的；相反，它会在身体上留下痕迹，过去所发生的一切会作为一种沉积（sédiment）而起作用。于是，在习惯身体层次中出现过的动作使用仍会在当前身体的层次中发生作用。幻肢病人之所以能感觉到其失去肢体的存在，是由于他们仍然停留于习惯身体的层次，仍然在依靠习惯身体参与世界，在其习惯身体层次所拥有的实践场沉积到了当前身体所处的实践场之中。梅洛-庞蒂的这一观点受惠于柏格森的哲学思想，"对柏格森而言，身体就是当前的，它是时间辩证中的一个时刻，所有过去的意识都与身体相关"①。因此，尽管身体是被当下所体验到的，但它已然包含了过去的痕迹，成为联结当前与过去的结点。"我的身体不仅应在一种瞬时的、独特的、充分的体验中被理解，也应该从普遍性的方面被理解，并作为非个人的存在被理解。"② 每具身体都连通着过去与当前，联结着不同的实践场，在其中，它们相互渗透、相互交织，身体集聚着主体与世界的不同联系，是一个自身处于不断变化之中的动态拓扑空间。"身体和世界就像两面镜子一样，一个在另一个面前，在其中诞生出一系列无穷尽的形象，而每个形象都同时拥有两面。"③

二、身体与身体图示

　　尽管身体作为主体在世存在的载体而起作用，但这并不意味着身体是主体行动、参与世界的中心。梅洛-庞蒂之所以赋予身体这一载体此

---

① Maurice Merleau - Ponty, translated by Paul B. Milan. The Incarnate Subject：Malebranche, Biran, and Bergson on the Union of Body and Soul [M]. New York：Humanity Books, 2001：92.

② Maurice Merleau-Ponty. Édition établie par Claude Lefort. Œuvres [M]. Paris：Éditions Gallimard, 2010：761.

③ Chevarie-Lessaed G. La Profondeur au Coeur de L'oeil et L'esprit [J]. Horizons Philosophiques, 2003, 14 (1).

项功能，是由于身体总是一种境遇性的存在，它不是抽象意义上的形而上式存在，而总是处于一定的情境之中，总是离不开时空的维度。当主体进入一个新环境时，他会凭借身体对这一情境进行探索、依据方向感定位、借助脚步测量距离等等，以此获得对新环境的感知。主体不是像一块石头一样，被放置到某一特定空间之中，而是借助身体的活动与空间发生联系，从而产生一种境遇空间性。因此，梅洛-庞蒂指出，"不应该说我们的身体在空间中与在时间中，它寓于（habite）时空之中"①。

梅洛-庞蒂的这一观点与胡塞尔对知觉空间的描述类似，胡塞尔把"知觉者自己的身体当作定向的零点，所有在空间中被知觉到或者说是被想象和幻想到的东西，都以知觉者自己的身体为定向出发点，各种空间规定、方向、质和价、远和近、上和下、右和左等都以知觉者自己的身体为基准点"②。这里的空间"不是客观世界里物体排列开来的环境，不是充满物体的一个苍穹，而是己身生活在物体之中，并连接物体的普遍能力"③。只有在面对能行动的生物时，空间才显现出此种能力，身体的行动能力使得它能将空间纳入自身之中，因此空间可以"作为我们所有感性和幻觉经验的无形的基本成分"④ 而起作用，正是基于此，梅洛-庞蒂进一步提出了身体图示（schéma corporel）的概念。

在《知觉现象学》中，梅洛-庞蒂为身体图示作了如下定义："身

① Maurice Merleau-Ponty. Édition établie par Claude Lefort. Œuvres ［M］. Paris：Éditions Gallimard，2010：822.

② ［瑞］爱尔马·霍伦施泰因. 人的自我理解——自我意识、主体间责任、跨文化谅解 ［M］. 徐献军，译. 北京：商务印书馆，2019：9.

③ 佘碧平. 梅罗庞蒂历史现象学研究 ［M］. 上海：复旦大学出版社，2007：84.

④ ［法］乔治·迪迪-于贝尔曼. 看见与被看 ［M］. 吴泓缈，译. 长沙：湖南美术出版社，2015：256.

体图示是一种显示我的在世存在的方式。"① 以作为在世存在载体的身体为基础，身体图示更强调一种先于感知的、具有整体性的运动意向性。"我的身体对我来说不是在空间中诸器官并置的合集，我在一种共有支配中拥有它，通过各肢体均包含于其中的身体图示，我熟悉了每一肢体的位置。"② 身体图示既非生理学所认为的那样，是在人的成长过程中，与诸感觉联合而形成的一种具有心理表象功能的形象中心，也非格式塔心理学意义上的"完形"，而是一种具有主动性的并"能根据身体各部分对机体计划（les projets de l'organisme）的价值而主动地把它们综合到一起"③。从这一描述中可以看出梅洛-庞蒂赋予身体图示的现象学意义。

在梅洛-庞蒂于 1953 年为法兰西学院开设的课程中，他进一步对身体图示做了详细阐释。他指出，"图示"是就四方面的意义而言的，"首先，它是一种绝对的参照系统。其次，它是规定各部分意义的整体。再次，它是瞬时感觉间的等价体系。最后，它与其所接触的外部空间成为一体"④。就身体图示而言，它作为绝对的参照系统意味着它是"我"在世存在的视域，"我"正是依据这一视域才能参与世界、介入世界，"我"借此感知世界的运动，借此知觉存在的不同样态，而不是像被置于空间中的事物一样，将空间当作一个容器位于其中，并使自身处于静止状态。身体图示作为规定各部分意义的整体，也不是就格式塔

① Maurice Merleau-Ponty. Édition établie par Claude Lefort. Œuvres ［M］. Paris：Éditions Gallimard，2010：780.

② Maurice Merleau-Ponty. Édition établie par Claude Lefort. Œuvres ［M］. Paris：Éditions Gallimard，2010：777.

③ Maurice Merleau-Ponty. Édition établie par Claude Lefort. Œuvres ［M］. Paris：Éditions Gallimard，2010：779.

④ Maurice Merleau-Ponty. Le Monde Sensible et le Monde de L'expression ［M］. Genève：Mētis Press，2011：129.

心理学的意义而言的，在梅洛-庞蒂看来，格式塔心理学预设了一个超越部分的整体的存在，却没有思考这一整体何以存在，这是一种类似自然科学的研究方法，先设定概念体系，再用其解释现象，而这正是梅洛-庞蒂所竭力批判的。身体图示在强调整体性的同时，也具有意向性。对于梅洛-庞蒂而言，"意向性不是单向的"①，在主体与世界打交道的过程中，不仅主体通过意向性建构世界，世界及世界中的事物也通过意向性与"我"发生关系，这是一种双向的预设，"我"不是先于世界而存在，世界也不是先于"我"而存在，二者之间是一种旋进（précession）的关系，在"这一特定关系中，诸对象间互为先导"②。由此，正是依据同世界的这种亲密关系，身体图示才能主动地为各部分赋予意义，否则它就会成为一种先验性的范畴与概念。

由于身体是处于不断运动中的，因此被体验到的身体只能是当下的、瞬时的，而依托身体存在的身体图示也是动态的、不断发生变化的，随着所处境遇的变更，它也在不断调整并适应与其境遇的关系。作为一种等价体系，它"建基于我和事物各自的存在方式两者之间的表达关系"③，任何一种轻微的改变都会对它造成影响，举例来说，当一个人的双手被突然置于冰水之中，这种冷感的产生会在瞬时影响整个身体图示，此人会立刻取出双手并对之哈气取暖，甚至在一段时间内会将手放入衣兜保暖；相反，如果一个人的双手被置于热水之中，与之而来的会是此人为缓解烫感而不停地对双手吹气的行为。这种感觉的改变会即刻使此人做出相应调整，而这种调整是整体性的，每一次的调整均意

---

① Maurice Merleau-Ponty. Edited by Leonard Lawlor&Bettina Berge. Husserl at the Limits of Phenomenology [M]. Evanston：Northwestern University Press，2002：39.
② ［法］莫罗·卡波内. 图像的肉身：在绘画与电影之间 [M]. 曲晓蕊，译. 上海：华东师范大学出版社，2016：129.
③ 刘国英. 现象学与人文学科 No.6 梅洛庞蒂 [M]. 台北：漫游者文化，2016：242.

味着此人与其境遇、与其他事物、与世界关系的改变。最后涉及的便是身体图示与空间的关系，在《知觉现象学》中，梅洛-庞蒂区分了两种空间——身体空间与外部空间，并详细阐释了二者间的关系。在他看来，身体空间与外部空间是相互依存的，二者共同构成一个实践系统，"身体空间是作为我们活动之目标的客体能够在其上面清楚地显现的背景，或者是它能够在其面前呈现的空无，那么身体空间性显然是在这一行动中获得实现的，而对本己运动的分析必定让我们能够更好地理解它"①。接着，梅洛-庞蒂对运动进行了分析，在他看来，运动包含三个概念：首先是自在的运动或客观运动（movement en soi ou objectif），这涉及一种关系的纯粹变化。比如地球的自转就属于此类运动，它是一种不受人类影响的运动。其次是由意识所观察到的运动，即柏格森与芝诺意义上的运动，他们分别将运动看作绵延（la durée）与意识的结果，在梅洛-庞蒂看来，这一看法隐含了心理主义的倾向。最后，对于梅洛-庞蒂而言，"只有当我与事物相混合时，运动才是可能的"②。而主体对运动的感知既非凭借眼睛，也非凭借精神，而是"整个身体图示在感知运动"③。

由于身体图示具有意向性，而"运动不满足于接受空间和时间，它主动承担它们"④。当主体依靠身体姿势与动作在空间中移动时，自身便具有了一种运动意向性，由此，身体空间便包含了外部空间的要

① ［法］梅洛-庞蒂. 知觉现象学［M］. 杨大春，等译. 北京：商务印书馆，2021：150.
② Maurice Merleau-Ponty. Le Monde Sensible et le Monde de L'expression［M］. Genève：Mētis Press，2011：25.
③ Maurice Merleau-Ponty. Le Monde Sensible et le Monde de L'expression［M］. Genève：Mētis Press，2011：28.
④ ［法］梅洛-庞蒂. 知觉现象学［M］. 杨大春，等译. 北京：商务印书馆，2021：150.

素，伴随着身体的持续运动，主体可以不断与外部空间相互作用。

三、作为原初表达的身体使用

梅洛-庞蒂指出，"我们身体的任何使用就已经是原初表达"①。他将身体当作表达的观念，既源自胡塞尔的相关理论，也受生物学家于克斯库尔的影响。胡塞尔曾在《观念 II》中深入探讨身体的问题，并结合运动觉（Kinesthésis）探讨身体关于空间的知觉。正是随着身体的不断运动，主体才能获得不同的视点，才能在对对象的知觉中获得一种恒常性。因此，"运动觉被胡塞尔界定为对直觉对象的意向构成时的可能条件"②。胡塞尔对身体运动的强调启发了梅洛-庞蒂，但是，他用先验意识来阐释身体运动的观点并未得到梅洛-庞蒂的赞同。在后者看来，身体的运动本就是直接的、原初的，在其中蕴含了一种主体朝向存在开放的意向性，它直接与存在发生作用，而不是从属于先验意识。如果说，梅洛-庞蒂从胡塞尔的理论中吸收了部分他关于身体运动的观点，那么，正是借助于克斯库尔的生物学研究，他对身体与其所处环境的交互作用产生了新的思考。在于克斯库尔看来，即便是动物最简单的条件反射行为，也不纯然是机械性的，巴甫洛夫关于狗的实验并不能说明生物的行为是依靠刺激-反应的模式来进行的；相反，"机体的环境是通过机体与物理世界之间的可能性交互行为的变动而构成的"③。

即便这一实验重复数次，但每一次机体所接触的环境都是不同的，它与其交互的方式也各有所异，因此，于克斯库尔指出，"生活必须被

---

① [法] 梅洛-庞蒂. 眼与心·世界的散文 [M]. 杨大春，译. 北京：商务印书馆，2019：197.
② 佘碧平. 梅罗庞蒂历史现象学研究 [M]. 上海：复旦大学出版社，2007：25.
③ Aud Sissel Hoel, Annamaria Carusi. Merleau－Ponty and the Measuring Body [J]. Theory, Culture&Society, 2017, 0（0）：I—26.

理解为表达"①，机体的行为正是其与环境交互作用的表达。梅洛-庞蒂在借鉴于克斯库尔的基础上，进一步将环境的概念扩大化，环境不再限于机体处于其中的自然环境，而是一种就存在论层面而言机体寓于其中的境遇。于是，在梅洛-庞蒂看来，"表达指代着一种可以在言说中、有生命的身体中、艺术作品中、被感知的事物中遇到的本体论结构，它也包括由内向外以及由外向内的相互转变，以及离开自身又回返自身的相互运动"②。这种本体论结构涉及存在自身，言说、身体、艺术等都与存在密切相关，它们通过各自不同的方式展现自身与存在的关系，表达在此起着通道般的作用。言说需要借助语言通达存在，而艺术需要通过作品来展示存在，与言说与艺术的表达不同，对于身体而言，它的姿势与动作就是对存在的直接表达，无须借助其他工具，这是一种更为直接的、显明的表达，也"正是从最微弱的知觉开始的身体表达活动被延伸成了绘画与艺术"③。

　　梅洛-庞蒂以日本人与西方人表达愤怒的不同方式为例，来说明身体所处境遇的差异性。他指出，"日本人愤怒时会笑，西方人则会红脸和跺脚，或者脸色发白并带着嗞声说话"④。对于这两个不同的主体来说，他们具有同样的生理结构，产生了同样的愤怒情绪，但其表达方式却大相径庭，伴随着不同的表达，"是在情绪中使他们的身体和他们的

---

① Angus Mcblane. Expressing Corpereal Silence：Phenomenology，Merleau-Ponty and Post-humanism［J］. A Journal of Literary Studies and Linguistics，2016，Ⅵ.

② Pascal Dupond. Le Vocabulaire de Merleau-Ponty［M］. Paris：Ellipses Édition Marketing S·A，2001：24.

③ ［法］梅洛-庞蒂. 眼与心·世界的散文［M］. 杨大春，译. 北京：商务印书馆，2019：202.

④ ［法］梅洛-庞蒂. 知觉现象学［M］. 杨大春，等译. 北京：商务印书馆，2021：263.

世界同时成形"①。由此产生了主体与其存在境遇打交道的不同方式，"一个人使用他的身体，是将此作为一种系统地朝向对象的方式"②。由于世界是在不断运动中的，寓于其中的身体也持续处于运动之中，因此身体在不断调整着自己与其境遇的关系。"在我们的运动模式中，习惯的改变意味着我们在世存在方式的改变。"③ 当身体在与世界打交道的时候，它势必要遭遇处于世界中的其他物体，而他人的身体便是其中之一。"我的身体是可交流的、可参与的维度，通过我的身体，我可以明白其他的身体，以这样的方式，我就可以使我的经验与他者的经验产生关联。"④ 在涉及他人的问题时，梅洛-庞蒂并未像胡塞尔那样，将他人还原为对"我"的意识呈现，并通过耦合（l'accouplement）的现象来理解他人，即当"我"遇到一个与"我"自身相似的身体时，"通过联想到在我之中所发生的一切，使我理解了另一种精神生活，而且通过呈现和'共现'的统一，让我确信我的源初本性和其他人呈现的本性之间的同一性"⑤。而对于梅洛-庞蒂来说，"他人是这样一个身体：是一个为各种各样的意向所激活的身体，是一个作为许多行动和话语之主体的身体，这些话语和行动回荡在我的记忆里，正是这些话语和行动向我勾画了他的精神风貌"⑥。就如梅洛-庞蒂曾说的"我就是我的身体"

---

① ［法］梅洛-庞蒂. 知觉现象学［M］. 杨大春，等译. 北京：商务印书馆，2021：264.

② Maurice Merleau-Ponty. Consciousness and the Acquisition of Language［M］. translated by Hugh J. Silverman. Evanston：Northwestern University Press，1973：58.

③ Rosalyn Diprose&Jack Reynolds edited. Merleau-Ponty：Key Concepts［M］. London：Routledge，2008：117.

④ Maurice Merleau-Ponty. Edited by Leonard Lawlor&Bettina Berge. Husserl at the Limits of Phenomenology［M］. Evanston：Northwestern University Press，2002：xix.

⑤ 佘碧平. 梅罗庞蒂历史现象学研究［M］. 上海：复旦大学出版社，2007：31.

⑥ ［法］梅洛-庞蒂. 知觉的世界［M］. 王士盛，周子悦，译. 南京：江苏人民出版社，2019：59.

那样，他人也就是他人的身体，他人的形成和"我"的形成一样，均是从一种原初性之中绽出的。结合梅洛-庞蒂后期的本体论思想来看，"我"的身体之所以能知觉到他人的身体，与他人的身体相交流，是由于构成我们身体的基本元素是一样的，即肉身（la chair）。因此，随着梅洛-庞蒂思想的发展，他逐渐从现象学对身体进行的描述转向了一种从存在论意义出发的对肉身本体论的建构。

四、肉身的运动与表达

梅洛-庞蒂对肉身的阐述集中于其晚期的著作《可见的与不可见的》之中。随着梅洛-庞蒂思想的推进，他逐渐意识到不能局限于探究主体与世界的关系，而应该发展一种本体论，以使得主体与世界的这种交互关系成为可能，在此基础上，他发展出了肉身本体论。"肉身不是物质，不是精神，不是实体，最好还是用'元素'这个旧术语意指它，这是用它被人们用来谈论水、空气、土和火时的意义，也就是说，用它的普遍事物的意义，即它处在时-空个体和观念之中途，是一种具体化的原则，这种原则在有存在成分的所有地方给出存在的样式。"① 这里的元素采用古希腊哲学上的意义，它指代一种构成万物的基本成分，现有的概念体系中没有合适的名称来为其命名，因此梅洛-庞蒂用"肉身"这一新的概念来指代这一构成性元素，肉身的基本特征便是可逆性。梅洛-庞蒂列举了左手触碰右手的例子来说明这一可逆性。当"我"的左手触摸右手时，左手在接触到右手的那一刻，会立刻感受到自身也在被触摸，而右手在感受被触摸的同时，也会感受到自己正在触摸。因此，触摸与被触摸形成了一种相互交织、相互交缠的状态，难以

---

① ［法］梅洛-庞蒂. 可见的与不可见的［M］. 罗国祥，译. 北京：商务印书馆，2016：172—173.

区分出到底是谁在触摸、谁在被触摸，因而"我"的身体就成了既能触摸，也能被触摸的存在。肉身的这一特性不仅体现在其自身感受的回返之中，也体现在它能不断将外物回返自身，并将自身朝向外物开放的过程中，"我的身体是用与世界同样的肉身做成的，还有，我的身体的肉身也被世界所分享，世界反射我的身体的肉身，世界和我的身体的肉身相互潜越，它们进入了一种互相对抗又互相融合的关系，这还意味着，我的身体不仅仅是被知觉者中的一个被知觉者，而且是一切的测量者，世界的所有维度的零度"①，于是，世界与我均存在自身的绽出。正是基于此，肉身"就是存在的原型：它是一切存在者的源泉、要素和模子"②。

在"我"的肉身之中已经包含了世界对"我"以及"我"对世界所呈现的意义，"肉身主体在前反思状态已经是一意向性存在"③，它意欲着世界，意欲着他人，与此同时，世界与他人也在意欲着"我"的肉身，由此生发出一种原初的意义，肉身的不断运动与回返自身便是这种原初意义的表达，"作为表达的肉体的这一新的可逆性和绽现，就是把说话与思考嵌入缄默世界之中的入手处"④。这是一种永不停息的探究（interrogation），是肉身不断向存在的发问，以探索这种意义何以可能。"每个存在者都是乌有，他与其境遇及其身体的关系是一种存在关系，他的境遇、他的身体、他的思想就不构成为它和世界的屏障，相反，它们都是通向存在关系的载体，在这种关系中，第三方的见证者可

---

① ［法］梅洛-庞蒂．可见的与不可见的［M］．罗国祥，译．北京：商务印书馆，2016：317.
② 佘碧平．梅罗庞蒂历史现象学研究［M］．上海：复旦大学出版社，2007：96.
③ 刘国英．现象学与人文学科 No.6 梅洛庞蒂［M］．台北：漫游者文化 2016：xxv.
④ 佘碧平．梅罗庞蒂历史现象学研究［M］．上海：复旦大学出版社，2007：97.

以介入进来，它们的位置在我的私人世界的空隙处被提前标出了。"①
如此，"我"与世界、与他人便处于一种交织的状态。与梅洛-庞蒂早期的身体概念相比，"肉身主体不单是在世界中的存在（L'être-dans-le-monde），还应被理解为往世界去（L'être-au-monde）的存在"②，肉身的概念更强调了主体与世界的动态交织与包孕关系，主体与世界成为不同层次的存在者，它们互为肉身性。但这并不意味着二者之间是没有界限的，回返自身不可能得到完全重合，正如左手在触摸右手时，虽然两只手既能感受到触摸，也能感受到被触摸，但二者之间是不可能完全同一的，它们之间总会有间距（écart）。"肉身是一种实质的多元性以及绵延的共同存在。它是同时性和相继性所形成的鲜明轮廓，是一种空间和时间的肉身，在这当中，透过差异区分而形成了个体。"③ 尽管世界与"我"，"我"与他人都是由同一元素构成的，但"我"与它们之间永远不可能完全相同，这种构成元素的同一性使"我"理解他人、理解世界成为可能，使得不同层次的存在者得以互相交流，但正是彼此之间的差异性，才表达了存在自身的不同面相，表达出存在的多元特性。肉身这一元素是不断运动的，它处于一种德勒兹意义上的生成（devenir）状态，它的运动没有既定的方向与目的，只是一种持续的块茎式蔓延，这是一种"以积累（emplement）、增殖（proliferation）、杂交（promiscuité）、受孕（prégnance）、分娩（parturition）为主轴的肉

① ［法］梅洛-庞蒂. 可见的与不可见的［M］. 罗国祥，译. 北京：商务印书馆，2016：81.
② 刘国英. 法国现象学的踪迹：从沙特到德里达［M］. 台北：漫游者文化出版，2018：215.
③ 龚卓军. 身体部署：梅洛庞蒂与现象学之后［M］. 台北：心灵工坊文化事业股份有限公司，2006：117.

身生产"①。因此，依据肉身运动所形成的各种事物均具有偶然性，对于"我"而言，"我"自身是由肉身运动的偶然性而形成的一个事件，他人亦是如此。因此，肉身"是一种表达的多样性，这使得它成为一种可能性的基质"②。这种表达性无须借助语言，它也不再是作为主体的"我"与世界之间关系的表达，它就是存在自身的运动与表达，这种表达是普遍且必需的，任何存在者均是存在以不同方式显现而形成的事件。

五、结语

梅洛-庞蒂从对身体表达的论述逐渐转向对肉身表达的侧重，这一过程反映的是他从现象学描述向本体论构造过渡的思想历程。早期的梅洛-庞蒂试图为胡塞尔的现象学还原找到存在论基础，这便是人的身体的在世存在。在反对笛卡尔身心二元论的基础上，他将身体看作"一种第三事物，一种意识与身体的混合或融合"③，这是一种含混的身体。身体具有自主性，它可以移动，可以凭借其动作与姿势与其所处的境遇发生联系，主体正是凭借身体与世界打交道，因而身体的任何使用都是主体与其世界关系的反映。在此，"我的身体扮演着绝对测量的角色，但它并非测量者，而是使测量成为可能"④。可以看出，身体在此是去中心化的身体，每个主体都是依据身体在世存在，但这不是一种唯我论

---

① 龚卓军. 身体部署：梅洛庞蒂与现象学之后［M］. 台北：心灵工坊文化事业股份有限公司，2006：110.

② Veronique M·Fóti. Tracing Expression in Merleau-Ponty［M］. Evanston：Northwestern University Press，2013：115.

③ Douglas low. In Defense of Phenomenology［M］. New Brunswick：Transaction Publishers，2016：5.

④ Merleau-Ponty. Child Psychology and Pedagogy［M］. Evanston：Northwestern University Press，2010：437.

意义上的身体，而是暗含着一种向身体间性的过渡。

身体具有意向性，这种显示主体具有意向性的在世存在方式便是身体图示。"存在之所以有意义，是由于身体图示所承担的运动中的意向性所致，但身体图示之所以能产生意义，是因为存在从本体上向身体的暂时性、向空间、向语言、向他人开放。"① 换言之，正是存在的开放性与身体的意向性的相互预设，使得主体的在世存在具有意义，使得身体的使用成为这一意义的原初表达。因此，"身体是在存在之中的一个洞或一个褶子，它又从内部使存在向意义开放"②。存在的开放性意味着"我"的身体势必会遭遇到他人的身体，而如何理解他人的身体对于"我"而言，是一个必须面对的问题。梅洛-庞蒂并未像胡塞尔那样，用先验意识来解释"我"何以理解他人，而是转向了一种本体论层面的论述，即由于"我"的身体和他人的身体是由同一种被称为肉身的元素构成的，因此"我"与他人的交流成为可能。"如果说梅洛-庞蒂的哲学中有一种新的本体论，它是通过肉身的调解形成的，这更多的是一种混合的本体论——交叉、交叠、交织，而不是一种巴门尼德的本体—神论。"③ 肉身作为一种构成存在者的共同要素，它"强调了观看的主体与可见的世界之间的共同质地，两者不可分割，相互孕生，是世界的敞开和'开裂'，是作为观者-可见的存在整体"④。它的不断运动使得不同层次的存在者得以显现，并确保了不同存在者相互理解的可

---

① Rosalyn Diprose & Jack Reynolds edited. Merleau-Ponty：Key Concepts［M］. London：Routledge，2008：118.

② Rosalyn Diprose & Jack Reynolds edited. Merleau-Ponty：Key Concepts［M］. London：Routledge，2008：119.

③ Maurice Merleau-Ponty. Edited by Leonard Lawlor&Bettina Berge. Husserl at the Limits of Phenomenology［M］. Evanston：Northwestern University Press，2002：175.

④ ［法］莫罗·卡波内. 图像的肉身：在绘画与电影之间［M］. 曲晓蕊，译. 上海：华东师范大学出版社，2016：12.

能。但它所形成的每个存在者都是不同的，这种存在者之间的差异正是存在自身多样性的表达，是存在自身具有的不断辐射又不断回返自身力量的表达。因此，肉身表达"是就一种根本上含混的、关于隐藏的、可逆的、交织的力量间的关系而言的"①，总而言之，尽管由于梅洛-庞蒂的骤逝，他对本体论的论述仅完成一小部分，但历时地回溯他从早期的身体表达向肉身表达的过渡，亦可为理解其哲学转向提供一条新的路径。

第二节　戏剧理论中的身体表达
——以残酷戏剧为例

在《知觉现象学》与开设于 1953 年的"可感的世界与表达的世界"课程中，梅洛-庞蒂集中对身体进行了理论阐述。他在反对笛卡尔身心二元论的基础上，将身体看作一项包含意识的含混之物。人的在世存在是以身体为依托的，因此身体的使用就是关于人及其所处世界之间关系的原初表达。梅洛-庞蒂在对身体做理论概述的基础上，随着他对艺术的持续重视，进一步将创作者的身体与其作品相联系进行分析，这主要体现在《眼与心》中对绘画的论述上，以及对法国"新小说"派作家克洛德·西蒙写作的零散讨论之中。但是，"作家与画家一样，他们所表达的均超出了他们**姿势的直接意义**"②，因为除了创作者的身体，文本或绘画总是需要借助其他工具（语言或图像）才能实现，当创作

---

① Rosalyn Diprose&Jack Reynolds edited. Merleau－Ponty：Key Concepts ［M］. London：Routledge，2008：160.

② Donald A. Landes. The Merleau－Ponty Dictionary ［M］. London：Bloomsbury，2013：106.

者用第三方的表达方式去完成作品时，所形成的是借由文字或图像将创作者的身体囊入其中的意义场域，因此他们所表达的是潜在的、间接的意义，而非仅由对身体的使用所形成的直接意义。

事实上，在众多艺术形式中，戏剧便是借由演员的身体传递直接意义的方式，尤其哑剧。梅洛-庞蒂在 1949 年至 1952 年开设于索邦大学关于"儿童心理学与病理学"的课程中，特意用几页篇幅论述了戏剧表达，其论述集中于演员对身体的使用，但遗憾的是，目前，他的相关戏剧表达思想仍未引起足够的重视。在他看来，"戏剧表达在于用身体言说，去用身体可能的运动建构一个原初装置，以提供戏剧的意义"[1]。这一看法与法国戏剧理论家安托南·阿尔托在残酷戏剧理论中对身体的论述不谋而合。1938 年，巴黎伽里玛出版社出版了阿尔托的论文集《戏剧及其重影》（"Le Théâtre et son Double"），此书的出版是阿尔托戏剧思想成熟的标志，其理论的核心便是"身体化"，"在残酷戏剧中，身体可以透过对有限和物质的发掘进入无限，在肢体有节奏的律动中融具象与抽象于一体"[2]。正是基于此种对身体的重视，台湾学者王墨林指出，"阿尔托把戏剧理论完全构筑于肉体的精神现象学"[3]。尽管未有直接证据表明阿尔托对梅洛-庞蒂产生过学术影响，但二者在戏剧表达中涉及身体的论述时却有颇多相似。与梅洛-庞蒂的身体观类似，阿尔托也将身体看作一种超越二元对立的存在物。在戏剧中，他一反以往西方戏剧以演员口头表达为主的传统，而倡导一种基于演员身体的、诉诸观众多重感官的整体戏剧语言，在他看来，这种语言"是针对感觉，

---

① Merleau-Ponty. Child Psychology and Pedagogy：The Sorbone Lectures 1949—1952 ［M］. Evanston：Northwestern University Press，2010：451.

② 郭斯嘉. 语言、空间与表演：安托南·阿尔托的残酷戏剧 ［M］. 上海：复旦大学出版社，2014：124.

③ 王墨林. 台湾身体论：王墨林评论集 1979—2009（第一卷）［M］. 台北：左耳文化，2009：27.

独立于话语之外的，它首先应该满足的是感觉"①。可以看出，相比口头语言，阿尔托所倡导的整体戏剧语言更具原初性，它诞生在口头语言产生之前。在过去的戏剧传统中，演员的台词是为了传达意义，演员及其表演仅是文本意义传递的载体，其目的是向观众展示作者或导演创作的作品。但在残酷戏剧中，演员不再局限于意义的表现，他/她不再只是角色的扮演者，而是其自身具有一种不可化约的物（la chose）性。正如梅洛-庞蒂将物性赋予绘画以反对其再现功能一样，阿尔托基于同样的理由对待演员。而"当表演是因为事物的物质品质而在舞台上运用，而非为了产生意义或用来代表其他事物时，运用现象学模式就比较能达到功效"②。因此，从梅洛-庞蒂现象学的视域出发，结合阿尔托的残酷戏剧理论，以戏剧中身体的使用为出发点进行探讨，既可以强化梅洛-庞蒂理论的应用价值，也可以为理解阿尔托的戏剧理论提供一条现象学的切入路径。

一、阿尔托的身体观

同梅洛-庞蒂一样，阿尔托也是在反对身心二元论的基础上形成自己的身体观的。但与梅洛-庞蒂受马勒布朗士、比朗、柏格森等哲学家身心观影响的路径不同，阿尔托身体观的形成一方面基于其自身特殊的身体状况；另一方面则受古希腊诺斯替教（Gnosticism）的影响。

阿尔托于1896年出生，在五岁的时候患过脑膜炎，他有轻度口吃和面部抽搐。1914年，阿尔托抑郁症发作，家人出于对他健康状况的担忧，在来年将他送入疗养院治疗。此后，他一直辗转各个疗养院之

---

① ［法］安托南·阿尔托. 残酷戏剧：戏剧及其重影［M］. 桂裕芳，译. 北京：商务印书馆，2015：35.
② ［德］克里斯多夫·巴尔梅. 剑桥剧场研究入门：从能剧到数位剧场［M］. 耿一伟，译. 台北：书林出版有限公司，2010：101.

间，并为解决精神方面的疾病常年吸食毒品以缓解痛苦。1937年，阿尔托在从爱尔兰归国的船只上被当作精神病人拘捕，并被送入精神病院接受治疗。由于接受电击疗法，他牙齿脱落，脊椎骨折，并在后期患上直肠癌，最终于1948年去世。可以说，阿尔托的一生都在与来自身体或精神的痛苦做斗争，他厌恶自己饱受折磨的身体，渴望超越身体。正是自身这种独特的身体体验，使得阿尔托开始在诺斯替教中寻求精神支撑。诺斯替教是一种秘传宗教，按照其思路，人的精神被困陷于身体之中，从而无法获得灵魂的自由。若想获得自由、得到拯救，必须领悟神秘的"诺斯"，才能将灵魂带出身体之外，获得拯救之人便超越了身体—灵魂的二元对立。"诺斯替教强调二元主义（身体—灵魂、物质—精神、恶—善、黑暗—光明），并在此基础上，许诺对所有二元论的摈弃。"① 对于阿尔托来说，"他的态度涉及了通常的诺斯替教主题范围，即肯定身体，排斥身体，希望超越身体，最后追求救赎身体"②。尽管诺斯替教的思想为阿尔托带来了启示，但他并未像克尔凯郭尔一样，走上神秘的宗教救赎之路，而是依靠艺术完成对自身的救赎。在众多艺术门类中，他参演过电影，创作过诗歌，尝试过颇多艺术实践，但最终戏剧是他完成救赎的首要场域，究其原因，是因为在戏剧中，身体的作用被发挥到了最大限度。

阿尔托对戏剧的探索经历了诸多阶段，他最初受象征主义戏剧的影响，但又反对象征主义戏剧以文本为主的表演理念，后于1921年加入前卫戏剧鼓动者查理·杜兰的工间剧团进行演出，两年之后，因与杜兰的观念不合而离开。1926年，他成立了雅里剧团，但在四轮演出之后，

---

① ［美］苏珊·桑塔格. 土星照命［M］. 姚俊伟，译. 上海：上海译文出版社，2020：60.
② ［美］苏珊·桑塔格. 土星照命［M］. 姚俊伟，译. 上海：上海译文出版社，2020：63.

剧团倒闭解散。直至 1931 年，他的残酷戏剧思想才逐渐成熟。阿尔托的残酷戏剧思想是在反对当时流行的西方传统戏剧观上形成的。当时的戏剧表演以文本为中心，舞台上以口头语言为主要表意手段，其特点是"强调文学性，即强调戏剧语言在文字上的雕琢"①。可以看出，当时的戏剧是隶属文学的。在阿尔托看来，戏剧不应成为文学的门类，它具有自身的独立地位，戏剧中对文学性的强调只会导致一种僵化的戏剧观。演员的表演成为对角色的一次次机械模拟，台词、对白、独白等构筑的语言网络切断了表演与生活的实际联系，观众彻底成为独立于戏剧之外的看客。正如柏拉图著名的洞穴隐喻所说的那样，这样的戏剧在阿尔托看来，只是映射在墙上的影子，是一种复制品。因此，他指出，"戏剧并不固定于语言和形式之中，事实上它摧毁了虚假的影子，但开拓了道路使影子重生，而在重生影子的周围聚集了生活的真正戏剧"②。因此，必须打碎语言以使戏剧接触生活，按照此理论，演员在表演中不应再拘泥台词的言说，而应更注重其形体的使用。在《演出与形而上学》中，阿尔托以哑剧为例来说明演员动作的重要性，在他看来，哑剧中的动作"不是表现字词或句子，而是表现理念、精神态度、自然现象"③，动作之所以能表现精神性的理念，是由于哑剧中演员身体与精神的一体性，在阿尔托看来，戏剧之中的"灵魂是身体，身体亦是灵魂"④，并且

① 郭斯嘉. 语言、空间与表演：安托南·阿尔托的残酷戏剧 [M]. 上海：复旦大学出版社，2014：68.
② [法] 安托南·阿尔托. 残酷戏剧：戏剧及其重影 [M]. 桂裕芳，译. 北京：商务印书馆，2015：9.
③ [法] 安托南·阿尔托. 残酷戏剧：戏剧及其重影 [M]. 桂裕芳，译. 北京：商务印书馆，2015：38.
④ Adrian Morfee. Antonin Artaud's Writing Bodies [M]. Oxford：Clarendon Press，2005：175.

"在身体流血之处，一个人可以找到他的灵魂"①。他这种观念的形成受到了中国针灸治疗的启发。1917 年，阿尔托由于患有遗传性梅毒而接受针灸治疗，这种神秘的东方医学使阿尔托在感受其效用后颇为震惊，他体验到不同穴位与整个身体之间的联系，并将不同穴位看作"联结意识、情感与外部身体的窗口"②。他将自身接受针灸治疗的体验应用于戏剧之中，如此，演员的身体便成为灵性化的身体，是集机体功能与意识于一体的身体。他们的动作不再是机械的表演，而是形成了一个个具有灵性化的姿势，它能对"感情、心态、形而上学思想加以节拍化，加以修剪、固定、隔开和再分划"③，身体动作与意识相互交织，彼此影响。在此基础上，阿尔托进一步提出了"无器官的身体"（corps sans organes）这一概念。器官指示一种身体的局部功能性，不同器官对应着不同功能，在阿尔托看来，强调器官意味着对身体整体性的割裂，这就如同西方医学在治疗疾病时所做的一样。而"无器官的身体"暗示着阿尔托对身体整体性的重视，正如针灸治疗通过刺激特定穴位而影响全身一样，身体不再是由分散的器官、不同的躯体功能组合而形成的存在物；相反，它首先就是一个整体，一个融贯性平面，它所产生的所有感觉是彼此互通的。这一对身体整体性的强调与梅洛-庞蒂的身体观类似，在后者看来，作为能思考的主体，"我"的心灵与身体不是割裂的，身体作为主体在世存在的载体，是包孕了心灵的存在物，因此

---

① Antonin Artaud. translated by Helen Weaver. Antonin Artaud Selected Writings［M］. New York：Farrar，Straus and Giroux，1976：353.

② 郭斯嘉. 语言、空间与表演：安托南·阿尔托的残酷戏剧［M］. 上海：复旦大学出版社，2014：45.

③ ［法］安托南·阿尔托. 残酷戏剧：戏剧及其重影［M］. 桂裕芳，译. 北京：商务印书馆，2015：66.

"我们是心灵与身体的复合物"①。基于此,梅洛-庞蒂在论述戏剧时说道:"我的身体不是作为感觉的总和给予我的,而是作为一个整体给予我的。"② 在对身体整体性强调的基础上,阿尔托进一步将演员的身体当作了具有整体表意功能的象形文字。

二、身体作为象形文字

在梅洛-庞蒂看来,身体作为主体在世存在的根基是世界与主体相遇的锚定点。身体通过动作、姿势、运动与世界发生联系,这是一种直接而原初的联系,因此,梅洛-庞蒂进一步指出,"我们身体的任何使用就已经是原初表达"③。而在戏剧中,演员身体的表达涵盖了两个层面:首先,演员要饰演某个角色,因此他在舞台上的行动是服从角色建构的。在不同场景中,角色会伴有不同行为,因此演员必须"抓住角色的动态性"④,在场景的整体变化上,展示出角色的变化,这是梅洛-庞蒂意义上的抽象建构。其次,戏剧中还涉及一种具体建构,尽管演员在扮演某个角色,但是"戏剧作者并未给予演员一个他必须遵从的特点,而是给予了角色这样的特点"⑤。通过作者的描述,演员所扮演的角色具有了些许特征,但这种特征是不可见的、抽象的,这就要求演员通过自身表演实现这一角色。然而演员首先是作为在世存在的主体而存

---

① [法] 梅洛-庞蒂. 眼与心·世界的散文 [M]. 杨大春,译. 北京:商务印书馆,2019:57.
② Merleau-Ponty. Child Psychology and Pedagogy:The Sorbone Lectures 1949—1952 [M]. Evanston:Northwestern University Press,2010:452.
③ [法] 梅洛-庞蒂. 眼与心·世界的散文 [M]. 杨大春,译. 北京:商务印书馆,2019:197.
④ Merleau-Ponty. Child Psychology and Pedagogy:The Sorbone Lectures 1949—1952 [M]. Evanston:Northwestern University Press,2010:451.
⑤ Merleau-Ponty. Child Psychology and Pedagogy:The Sorbone Lectures 1949—1952 [M]. Evanston:Northwestern University Press,2010:452.

在的，他自身有其能动性，他凭借身体与世界发生联系，他的动作与行动、姿势与习惯是一种独特的、个人化的表达。因此，即使面对同一角色，不同的演员也会以不同的方式去实现，在表演中除了饰演的角色之外，演员自身也是表演的一部分。在梅洛-庞蒂看来，世界是处于运动中的，因此戏剧也在动，演员的身体、演员与世界的联系也在不断变化，阿尔托提出的"演员不重复两次同样的动作，而是做多种动作，演员在动"① 的观念也应在此意义上被理解。每一次演员的动既是角色与其场景关系的变动，也是演员与生活世界关系的变更，如此，通过表演，演员展示了生活世界的多样性。"应该相信戏剧能给生活注入某种新的含义。在戏剧中，人毫不怯弱地变成尚未存在之物的主人，而且使它诞生。只要我们不满足当简单的记录工具，那么尚未诞生的一切还会诞生。"② 因此，演员的身体成为一种现象学的发生场域，包含了无数的可能性，并使得新的意义不断分娩，"这些象征性动作、面具、姿态、个别或整体的运动都具有无数的含义，成为戏剧具体语言中的重要部分"③。对此，梅洛-庞蒂说道："身体的使用与戏剧意义之间的直接关系保持为一种谜样的关联。"④ 演员在抽象与具体的双重建构基础上，通过自身的身体使用实现角色，从而呈现戏剧的意义，世界在动，演员也在动，如此，戏剧的意义便是动态的，是无法提前预知的。

正是基于此，梅洛-庞蒂指出，"演员学习表演一个角色是极其复

---

① ［法］安托南·阿尔托. 残酷戏剧：戏剧及其重影［M］. 桂裕芳，译. 北京：商务印书馆，2015：9.

② ［法］安托南·阿尔托. 残酷戏剧：戏剧及其重影［M］. 桂裕芳，译. 北京：商务印书馆，2015：10.

③ ［法］安托南·阿尔托. 残酷戏剧：戏剧及其重影［M］. 桂裕芳，译. 北京：商务印书馆，2015：99.

④ Merleau-Ponty. Child Psychology and Pedagogy: The Sorbone Lectures 1949—1952 ［M］. Evanston: Northwestern University Press, 2010: 450.

杂的情况"①。当他在呈现角色时，意味着他要改变自身的习惯以适应角色，而"习惯是一种通过特定方法回应特定情景的资质，习惯的运作既是身体的，也是精神的，它是一种存在的运作"②。这也间接说明了身体与存在的密切关联。一位在生活中惯于用右手的演员，在表现一位左撇子的角色时，涉及的不仅是他从使用右手到使用左手的习惯改变，而是在场景中他不同的应对模式。阿尔托指出，"情景是由具体动作来表达的"③，动作的变更带来的是演员自身与存在之间关系的变更，这是一种存在论层面的改变。这种改变是无法被预设的，不仅作者、导演，甚至连演员自身也无法预知，于是演员的动作总是带有瞬时性与偶然性，这是由作为在世存在的演员这一主体与存在的关系所导致的。因此，阿尔托的戏剧从不满足对文本的再现，而是要通过演员带有即兴的表演触及生活世界，阿尔托指出，"我们不上演写成的剧本，而是围绕主题，已知的实践或作品，试图直接导演"④，这就要求演员能够"用日常动作配合即兴性与偶然性去表现自体的身体感受"⑤。

因此，"戏剧是行动，是永恒的发挥物，它里面没有任何僵化的东西，因为我把它比作真正的行动，也就是说具有活力的、神奇的行动"⑥。每一出戏剧的呈现伴随着演员的表演，都是一种面向生活行动

① Merleau-Ponty. Child Psychology and Pedagogy：The Sorbone Lectures 1949—1952 [M]. Evanston：Northwestern University Press，2010：452.
② Merleau-Ponty. Child Psychology and Pedagogy：The Sorbone Lectures 1949—1952 [M]. Evanston：Northwestern University Press，2010：452.
③ [法] 安托南·阿尔托. 残酷戏剧：戏剧及其重影 [M]. 桂裕芳，译. 北京：商务印书馆，2015：116.
④ [法] 安托南·阿尔托. 残酷戏剧：戏剧及其重影 [M]. 桂裕芳，译. 北京：商务印书馆，2015：103.
⑤ 王墨林. 都市剧场与身体 [M]. 台北：稻乡，1992：199.
⑥ [法] 安托南·阿尔托. 残酷戏剧：戏剧及其重影 [M]. 桂裕芳，译. 北京：商务印书馆，2015：124.

的方式，它不再如影子一样是对现实的模仿，而是直接与生活发生联系，从而抵达那个"形式所无法触及的、脆弱而骚动的"① 存在之核心，使"戏剧重建其炽烈而痉挛的生活观"②。如果说，在梅洛-庞蒂的哲学中，身体是联结主体与世界的枢纽，是世界与主体相遇的场所，那么在阿尔托的戏剧观中，演员的身体亦是一个发生学场域，通过有形的、有限的表演去展示无形的思想与理念，展示生活本身的无限之可能。身体成为集具象与抽象、物质与精神、有限与无限、可见与不可见为一体的存在物，正因如此，身体在阿尔托的戏剧中占据着举足轻重的地位。德里达对此评价道："阿尔托追求一种不是表达而是生命的某种纯粹创造的呈现，它永远不会远离身体而堕落成符号或作品、客体。"③

正是由于阿尔托对演员身体整体性的强调以及对身体表达的重视，他进一步将演员的身体看作一种象形文字，在他看来，象形文字涉及以直接的方式呈现意义，而演员的身体便是象形文字式的身体，这种身体"有其自身的语言，它建基于运动之上，并且比口头语言更为有力，因为它保留了与变动的、客观存在的世界的身体联系"④。这种象形文字式身体最典型的体现在巴厘戏剧之中，在这种古老的东方戏剧中，阿尔托看到了其与西方戏剧侧重口头语言不同的表现方式，即它是以动作语言为主的。"巴厘剧团发明了一种动作语言，这种动作语言在空间发

---

① ［法］安托南·阿尔托. 残酷戏剧：戏剧及其重影 ［M］. 桂裕芳，译. 北京：商务印书馆，2015：10.

② ［法］安托南·阿尔托. 残酷戏剧：戏剧及其重影 ［M］. 桂裕芳，译. 北京：商务印书馆，2015：133.

③ ［法］雅克·德里达. 书写与差异 ［M］. 张宁，译. 北京：生活·读书·新知三联书店，2001：315.

④ Elizabeth Heard. Space, Signs and Artaud's Hieroglyphic Body ［J］. Performance Research：A Journal of the Performing Arts, 2010, 11：1.

展，脱离空间便毫无意义。"① 由于舞台是一个有形、具体的场所，当演员在对角色进行诠释时，"关于角色的思考只存在于姿势之中，在舞台上只有行为能被看见，因此所有的思考都是行为"②。由此可见，正是演员的行为构成了动作语言。梅洛-庞蒂曾指出，主体不是如石头等无生命的物体一样，位于（dans）空间之中，而是能够凭借自己的运动探索空间，与空间在一起（avec）。对于演员来说，他的表演是与空间融为一体的，他凭借自身的运动划破空间，为空间定向，演员的一举一动都包含了空间在其身上的作用，他的身体运动是一种表现其与空间关系的语言，这种语言比口头语言更为原初。德国戏剧理论家马克思·赫尔曼曾指出，"在剧场的艺术中，我们不是处理空间的再现，而是人类动作在剧场空间的实行方式"③。这种实行方式暗含着演员作为主体的存在客观化，他的象形文字式身体"既是符号又是物质，既是思想也是肉体，既是自由也是约束，既是整体的也是破碎的"④，所以这样的身体不仅仅是戏剧中角色的表演载体，而是"反映宇宙天地万物的对等物"⑤，它有自身的物性与坚实性。日本剧作家世阿弥也曾说过，"在舞台上做出姿态的自己身体，不能看成是自己，那只是占据外在空间的一部分，还有许多事物是肉眼看不到的，演员必须从这样的体认去让自

---

① ［法］安托南·阿尔托. 残酷戏剧：戏剧及其重影 ［M］. 桂裕芳，译. 北京：商务印书馆，2015：61.
② Merleau-Ponty. Child Psychology and Pedagogy：The Sorbone Lectures 1949—1952 ［M］. Evanston：Northwestern University Press，2010：453.
③ ［德］克里斯多夫·巴尔梅. 剑桥剧场研究入门：从能剧到数位剧场 ［M］. 耿一伟，译. 台北：书林出版有限公司，2010：62.
④ Elizabeth Heard. Space，Signs and Artaud's Hieroglyphic Body ［J］. Performance Research：A Journal of the Performing Arts，2010，11：1.
⑤ 王墨林. 台湾身体论：王墨林评论集1979—2009（第一卷）［M］. 台北：左耳文化，2009：22.

己的存在客观化"①。换言之，同梅洛-庞蒂论述画家的角色一样，演员也是要通过自己的表演，使不可见成为可见，也正是在此意义上，阿尔托认为戏剧"能将存在的和未存在的联系起来，将潜在可能性和物质化的自然中所存在的东西联系起来"②。

三、身体作为可交流的维度

阿尔托观察到，在过去的西方戏剧中，观众是作为纯粹观赏者观看戏剧的，并不能真正参与演出之中，因此演出结束之后，并不会在观众身上激起任何后续反应，当观众走出剧院，便会很快遗忘剧情。在此意义上，他提出了戏剧应该像瘟疫一样，具有极强的感染力，以使观众产生强烈的触动。因此，戏剧不应满足展示日常生活、个人情感，而应该展示残酷。残酷不是流血、施虐与暴行，不是通过肉体的痛苦激发观众的恐怖情绪，残酷"是指生的欲望、宇宙的严峻及无法改变的必然性，是指吞没黑暗的、神秘的生命旋风，是指无情的必然性之外的痛苦，而没有痛苦，生命就无法施展"③。这种对残酷的看法是以阿尔托自己所感受到的痛苦而衍生出来的，他所经受的身体与精神痛苦在残酷戏剧中演变为生命本身所带有的痛苦，一种帕斯卡（Pascal）意义上人类对命运无可奈何的宿命性。这是全人类所共通的命运，只有通过展示此种残酷，才能使得观众参与到演出中来，这种展示也是通过演员的身体来完成的。

由于阿尔托将演员的身体看作一个包含着无数可能性的发生场域，

---

① 王墨林. 都市剧场与身体 [M]. 台北：稻乡，1992：231.
② [法] 安托南·阿尔托. 残酷戏剧：戏剧及其重影 [M]. 桂裕芳，译. 北京：商务印书馆，2015：24—25.
③ [法] 安托南·阿尔托. 残酷戏剧：戏剧及其重影 [M]. 桂裕芳，译. 北京：商务印书馆，2015：109.

不同的意义通过动作显现，因此不同的观众能感受到不同的意义。演员的身体是开放的，正如阿尔托所言："我的演出深深地潜入具体与表象之中，立足于开放的自然。"① 因此意义不是固定僵化的，而是不断生成的，处于流动状态的，在表达意义的过程中，演员的身体直接面向同样具有表达性的观众身体，并且"通过观众的机体而使他们得到最细微的概念"②。如此，演员与观众之间的交流得以实现。梅洛-庞蒂也曾提及身体的这一维度，他指出，"我的身体性是可交流、可参与的维度，通过我的身体性，我可以明白其他的身体，以这样的方式，我就可以使我的经验与他者的经验产生关联"③。在戏剧中，正是凭借身体之间的关联，演员与观众实现了统一，"演员在他的姿势中包含着我的身体"④。在残酷戏剧中，演员通过表演展示残酷，在表演中与观众的身体发生联系，从而让观众体会到人类所共有的残酷本质。"演员以自身的形体为触媒，在舞台空间上呈现真实生活之残酷，并刺激观众的感官，令观众陷入相同的体验时，观众忘却自身的身份，与演员同时沉浸于一种忘我的迷狂中，观众与演员实现了同一，这种同一，不是传统的观众与演员在心理上的同一，而是身体与身体的同一。"⑤ 日本戏剧理论家铃木忠志也曾指出："我们去剧场不是为了要听戏，而是去体验在一定时间之内产生的非常的感觉，观众对演员来说是必要的，这样才能

---

① ［法］安托南·阿尔托. 残酷戏剧：戏剧及其重影［M］. 桂裕芳，译. 北京：商务印书馆，2015：118.
② ［法］安托南·阿尔托. 残酷戏剧：戏剧及其重影［M］. 桂裕芳，译. 北京：商务印书馆，2015：83.
③ Merleau-Ponty, edited by Leonard Lawlor and Bettina Bergo. Husserl at the Limits of Phenomenology［M］. Evanston：Northwestern University，2002：xix.
④ Merleau-Ponty. Child Psychology and Pedagogy：The Sorbone Lectures 1949—1952［M］. Evanston：Northwestern University Press，2010：453.
⑤ 郭斯嘉. 语言、空间与表演：安托南·阿尔托的残酷戏剧［M］. 上海：复旦大学出版社，2014：119.

在瞬间感觉到看到自己的可能性。"① 对于残酷戏剧来说，观众不再是游离戏剧之外、被动接受戏剧意义的观赏者，而是通过自己身体的可交流性维度，与演员发生互动，精神上形成统一，从而在自己身上也激起无数的存在之可能。对此，苏珊·桑塔格总结道："阿尔托希望戏剧既不针对观众的心灵，也不针对他们的感觉，而是针对他们的'整个存在'。"②

　　阿尔托之所以将戏剧作为自己的救赎，以超越身心二元对立的原因也在于此。他"把戏剧想象成一个身体将在思想中再生，思想也会在身体里再生的场所"③，当演员与观众在表演中相遇后，各自的身体与精神相互交织，演员的身体与观众的身体之间不再有清晰的界限，身体与精神也无法被分离，"一瞬间对身体的敏感也可使得内在自我与思想恢复，因为肉体就是思维的身体，是由神经所供给的肉身"④，演员动作的意义也不再能被精准确定，毋宁说，演员通过自身的表演打开了存在的场域，展示了存在的可能样态之一。通过戏剧中具有视觉呈现方式的身体表达，它直接为观众所感知，并且"表达痕迹（我的话语、我的姿势或它们的遗迹）作为一种邀请藏在其后，它邀请其他表达性的身体重演由我引起的意义"⑤，演员身体的此种意向性将观众纳入表演之中，演员的身体便包含了观众身体的一部分，"我的身体可以包含一些取自于他人身体的部分，就像我的物质进入到他们身体中一样，人是

---

① 王墨林. 都市剧场与身体 [M]. 台北：稻乡，1992：75.

② [美] 苏珊·桑塔格. 土星照命 [M]. 姚俊伟，译. 上海：上海译文出版社，2020：39.

③ [美] 苏珊·桑塔格. 土星照命 [M]. 姚俊伟，译. 上海：上海译文出版社，2020：42.

④ Adrian Morfee. Antonin Artaud's Writing Bodies [M]. Oxford：Clarendon Press，2005：44.

⑤ Donald A. Landes. Merleau-Ponty and the Paradoxes of Expression [M]. New York：Bloomsbury Academic，2013：134.

人的镜子"①。此处的镜子所起的作用不应被理解为对某个人的影子的再现，而更多强调一种主体间性。当演员在表演时，观众亦在表演，这种表演直接通向存在本身，打开了通向存在场域的通道。戏剧中的演员与观众相互作用，无谓主客之分，他们作为在世存在的人，共同参与戏剧的演出之中。阿尔托正是出于此目的，试图建立一个新型的戏剧发生场所，这种场所没有舞台，没有剧场大厅，没有隔板与栅栏，"它就是剧情发展的地方，在观众和演出、演员和观众之间将建立直接交流，因为观众位于演出中心，被演出所包围、所渗透。而这种包围则来自剧场本身的形状"②。尽管阿尔托的这一设想并未实现，但从他的论述中，可以看出他对演员与观众交互作用的强调以及对主体间性的重视。概括而言，"阿尔托的残酷戏剧是一种整体戏剧，是在整体剧场空间中，演员使用整体戏剧语言进行整体表演，直接诉诸观众的多重感官，并由此与他们一起直面混沌的宇宙本原状态，重建秩序，重建神话，重建生活的戏剧仪式"③。

四、结语

在《眼与心》论述绘画的部分时，梅洛-庞蒂借助瓦莱里的话来佐证自己的观点，即"画家提供他的身体"④，只有这样，他才能把世界变成绘画。而在论述戏剧时，他指出，"就像画家在绘画时依赖他的身

① ［法］梅洛-庞蒂．眼与心·世界的散文［M］．杨大春，译．北京：商务印书馆，2019：197.
② ［法］安托南·阿尔托．残酷戏剧：戏剧及其重影［M］．桂裕芳，译．北京：商务印书馆，2015：101.
③ 郭斯嘉．语言、空间与表演：安托南·阿尔托的残酷戏剧［M］．上海：复旦大学出版社，2014：12.
④ ［法］梅洛-庞蒂．眼与心·世界的散文［M］．杨大春，译．北京：商务印书馆，2019：34.

体一样，演员也依赖他的身体"①。

这说明无论是在绘画中，还是表演中，身体均是主体借以同世界发生联系的媒介，正是借助身体，演员才能把世界变为戏剧。然而，迄今为止，梅洛-庞蒂在戏剧表达方面的论述并未引起学界足够的重视。其原因恐怕在于，相比他对绘画系统而完善的论述，他对戏剧的论述仅占几页篇幅，而且是在其课程笔记中对此问题展开讨论的，并未形成系统表达其观点的论文。但这并不意味着他的这一思想不重要，事实上，身体作为梅洛-庞蒂哲学中的重要概念，身体表达作为主体与世界发生联系的直接、原初方式，正是在戏剧之中，身体的作用得到了显著呈现。尽管梅洛-庞蒂在论述戏剧时，并未提及相关的戏剧理论家，但阿尔托作为当时法国先锋戏剧的领军人物之一，其思想引起了包括罗兰·巴特、保罗·萨特、雅克·拉康等在内的学者的重视。作为萨特与拉康的好友，梅洛-庞蒂对阿尔托的相关思想不可能一无所知，事实上，二者在论述戏剧表达中身体的地位时，更是显现出了诸多相似。

尽管二者出于不同的立场，将身体看作一种超越身心二元对立的第三事物，但正是基于对身体所达成的此种共识，使得二人在对戏剧的阐释方面产生了交集。对于阿尔托来说，戏剧不是对文本的再现，不是现实生活的重影，它是一种直接接触生活的方式，因此演员的表演就具有了存在论的意义。戏剧中，演员依靠自己的身体动作、姿势、运动进行表演，于是"姿势构成了显示身体、舞台以及在空间中的舞台行为的基本模式"②。演员身体的姿势不仅是对角色的呈现，更是一种包含了偶然性的行动，直接与生活发生联系。在表演中，演员的身体是象形文

---

① Merleau-Ponty. Child Psychology and Pedagogy：The Sorbone Lectures 1949—1952［M］. Evanston：Northwestern University Press，2010：453.

② ［意］基尔·伊拉姆. 符号学与戏剧理论［M］. 王坤，译. 台北：骆驼出版社，1998：73.

字式的身体，正如象形文字是以整体的方式表意一样，演员通过身体形成了表达，他自己的身体就是表达的一部分，用梅洛-庞蒂的话来说，"被表达的与表达是互惠且不可区分的"①。无论对阿尔托还是梅洛-庞蒂而言，身体都不是功能性的器官集合，它是一个具有意向性的融贯性平面，是一个拓扑学空间，是一个面向存在开放的场域，正是由于其开放性，它能将观众纳入其中，使得演员与观众之间发生联系，形成一种身体间性。演员的身体不断邀请观众参与其中，因此戏剧成为一种阿尔托所谓的炼金术，一种被梅洛-庞蒂称为魔法的发生场所，它通过演员有形的、有限的表演通达无限的、充满各种可能性的存在。因此，同梅洛-庞蒂赋予哲学、绘画的角色一样，戏剧也不仅仅是一种艺术形式，它也是主体通过身体行动通达存在的尝试，这一存在在每个主体身上激起回声，主体通过身体的使用来展示自身与存在的交织。正如法国戏剧理论家雅克·勒考克所言："内在世界是外在世界的反射，这世界在我身上'模拟'出它自己的样子，并且将我命名。"② 对于梅洛-庞蒂而言，他通过哲学描述来展示这一外在世界的可能样貌，而对于阿尔托来说，这种展示方式被命名为残酷戏剧。

第三节　论当代艺术中的身体表达
——以罗伯特·莫里斯为例

梅洛-庞蒂对身体的论述，作为一种方法论，影响了众多当代艺术

---

① Merleau-Ponty. Child Psychology and Pedagogy：The Sorbone Lectures 1949—1952［M］. Evanston：Northwestern University Press，2010：450.

② ［法］雅克·勒考克. 诗意的身体：雅克·勒考克的创造性剧场教学［M］. 马照琪，译. 成都：四川文艺出版社，2019：92.

的创作，其中，极简主义的作品最能体现其影响的艺术实践。梅洛-庞蒂对身体的集中探讨最先体现在《知觉现象学》中，而这部著作的英译本于 1962 年完成，并在美国及英国发行。在当时的美国，以罗伯特·莫里斯、理查德·塞拉、托尼·史密斯等艺术家为代表的极简主义（Minimalism）正在兴起。对于极简主义艺术家来说，他们反对过去艺术中对现实再现的强调，也拒绝将艺术品看作艺术家个体情感的主观表达，他们试图展示的是非个人化的普遍性主体存在状态，并探讨其存在的意义。"极简主义的支柱就是意义的本质和主体的状态，这两者都是人们共有的，而非个人的，它们产生于身体和真实世界的联系，而不是理想概念的精神空间。"① 因此，当他们把创作的焦点集中于主体同世界所实际发生的联系时，身体便成为他们创作中的重要维度，因为主体不是抽象的概念存在，而是依据身体的、活生生的、当下的现实存在。于是，当梅洛-庞蒂对身体的哲学探讨出现时，很快便引起了极简主义艺术家的关注，"现象学，特别是梅洛-庞蒂的思想，在极简主义者年代的艺术世界中，是众多讨论的主题"②。这是因为在梅洛-庞蒂的思想中，他们看到了与自身艺术理念的贴合之处。而在众多艺术家中，罗伯特·莫里斯的作品与梅洛-庞蒂思想的关联最为密切，他"不仅明白现象学理论，也明白梅洛-庞蒂的作品"③。而他在 20 世纪 60 年代创作的系列作品《无题》便是以艺术的方式展示着与梅洛-庞蒂相似的思考。

---

① [美] 哈尔·福斯特. 实在的回归：世纪末的前卫艺术 [M]. 杨娟娟，译. 南京：江苏凤凰美术出版社，2015：50.

② Sandra Kage Alexander. Returning to the Soil of the Sensible：Phenomenological Reading of Robert Morris's and Richard Serra s' Minimalist Sculpture [D]. University of Andrews，2000.

③ Sandra Kage Alexander. Returning to the Soil of the Sensible：Phenomenological Reading of Robert Morris's and Richard Serra s' Minimalist Sculpture [D]. University of Andrews，2000.

因此，以罗伯特·莫里斯的相关作品为例，可以进一步探讨梅洛-庞蒂对身体的论述在当代艺术中的表达。

一、对二元论及格式塔的反对

罗伯特·莫里斯于 1931 年出生于美国堪萨斯城，他早年学习工程学，其后才转向艺术领域，其作品涉及雕塑、绘画、舞蹈表演、装置艺术等多个方面。在 20 世纪 50 年代，他的兴趣集中在舞蹈动作的设计上，而 1960—1970 年，即梅洛-庞蒂的思想传入美国之际，他关注的焦点聚焦极简主义及过程艺术。在此期间，他发表了与此创作相关的论述，包括于 1966 年发表的三篇《论雕塑》（"Notes on Sculpture"）、1967 年发表的《特征与非推论》（"Notes and Non Sequiturs"）、1968年 发表的《反形式》（"Anti Form"）及 1970 年发表的《关于制造的现象学思考：追寻动机》（"Some Notes on the Phenomenology of Making：The Searchfor the Motivated"），而正是他的这些艺术理念对极简主义产生了重要影响，也使得他与梅洛-庞蒂的思想有了交合之处。

在对 20 世纪的艺术进行思考时，莫里斯指出，"所有的 20 世纪艺术都受制于笛卡尔式的推断，即将每种视觉经验都看作由置于观者与世界之间的垂直面所形成"①。他之所以做出这一论断，是由于当时的艺术作品均被看作由艺术家所生产出来的客体，这些作品无论是对现实的再现，还是艺术家个人的主观表达，一旦被完成，便作为一个客观的对象而存在。观者在欣赏作品时，所采用的是笛卡尔式的主客二元视域，其所产生的视觉经验是由主体对作品所呈现出来的形状、样式等特征的理性加工而形成的。因此，观者对作品所产生的经验已经是一种被加工

---

① Robert Morris. Continuous Project Altered Daily：The Writings of Robert Morris ［M］. New York：The MIT Press，1993：158.

过的经验,他并未直接感受到作品的原初样态,他与作品之间始终隔着一道垂直面、一道屏障,而这种"二元思维,两难论题的思维是不可能从视觉经济中获得什么的"①。梅洛-庞蒂也曾对笛卡尔的视觉经验做过类似的批判,在他看来,"笛卡尔的视觉模型乃是触觉式的"②。这是由于在笛卡尔看来,视觉只是一种机械的反射,就如盲人会根据手杖触碰到的地面来断定路况一样,机械的视觉活动必须依靠主体的理智进行加工,这样才能产生意义。在梅洛-庞蒂看来,这完全是一种科学式的思维态度,其结果只是验证了已有的概念模型。可以看出,二者都是在批判笛卡尔视觉哲学的基础上,衍生出自身思考的。

对于莫里斯而言,要想突破笛卡尔式的推断,就要打破观者与世界之间的那道屏障,使得观者能够参与世界之中,在观看作品时与作品产生互动。这就要求一种不同于主客二元论的全新思考方式,也正是基于此,梅洛-庞蒂的现象学思考为他的创作带来了启发。莫里斯注意到,在以往对艺术作品观看的过程中,观者主要采用的是一种图形-背景式经验方式。因为艺术品总是位于特定环境中的,它可能出现在美术馆的墙壁上、画廊的空间中或其他一些场合,而在观看艺术品时,观者会把其出现于其中的空间当作背景,将艺术品看作凸显于其上的图形,将观看的重点放在后者而忽视了前者,这暗含的就是一种二分法式的观看方式。于是,他借助格式塔心理学的理论来反对这种观看方式。格式塔心理学反对图形-背景式的区分而强调一种整体性,图形与背景不是分离的、独立的两个要素,相反,它们是一种原初的、不可分割的完形,主体之所以能在知觉时有所倚重,是由其暂时所处的位置决定的。"格式塔性质不是物体独有的、肯定的性质,它建立在由知觉主体所建立的联

---

① [法]乔治·迪迪-于贝尔曼. 看见与被看 [M]. 吴泓缈,译. 长沙:湖南美术出版社,2015:61.

② [法]梅洛-庞蒂. 眼与心 [M]. 龚卓军,译. 台北:典藏艺术家庭,2007:100.

系上，这一联系是根据主体的临时知觉关注所建立的。"① 而梅洛-庞蒂在《行为的结构》中也强调行为的整体性，他在批判经验主义与理智主义的基础上，亦借助格式塔心理学的研究成果来表明"行为既不是事物，也不是一种观念"②，可以看出，二者都试图借助格式塔来反对传统的二分法，但它们均未止步于此。莫里斯指出，"格式塔的特点在于一旦它被建立，作为格式塔，所有关于它的信息便被穷尽了"③。举例来说，比如一件外观为正方体的艺术品在呈现给观者时，一旦观者辨识出了它是正方体，关于它的特性（如它由六个完全相同的面构成、它的每条边都相等）便同时被经验到了，而只要观看者具有关于正方体的概念模型，他们得到的就是相同的经验，可以说，"格式塔理论将形象化的瞬间看作客观条件，一种由因果律决定的以第三人称出现的组构过程"④。在此过程中，当下存在的、活生生的观看者之间的差异完全被抹杀，这是一种第三人称式的、普遍的观看方式。"格式塔心理学中欠缺生命体与所在处境之间的能动关系，缺少对生命的思考。"⑤ 正如梅洛-庞蒂所说的那样，"物理定律并不对某些结构提供一些说明，它们代表的是用那些结构进行的某种说明"⑥。于是，观看的过程成为

① Anaël Lejeune. The Subject-Object Problem in "Alighted with Nazca"：On Phenomenological Issues in Robert Morris's Artwork［M］. Investigations：The Expanded Field of Writing in the Works of Robert Morris. Lyon：ENS Éditions，2015.
② Rosalyn Diprose & Jack Reynolds edited. Merleau-Ponty：Key Concepts［M］. London：Routledge，2008：88.
③ Robert Morris. Continuous Project Altered Daily：The Writings of Robert Morris［M］. New York：The MIT Press，1993：158.
④ ［法］莫罗·卡波内. 图像的肉身：在绘画与电影之间［M］. 曲晓蕊，译. 上海：华东师范大学出版社，2016：112.
⑤ ［法］艾曼努埃尔·埃洛阿. 感性的抵抗：梅洛-庞蒂对透明性的批判［M］. 曲晓蕊，译. 厦门：福建教育出版社，2016：51.
⑥ ［法］梅洛-庞蒂. 行为的结构［M］. 杨大春，张尧均，译. 北京：商务印书馆，2018：284.

格式塔发生效应的过程,对作品的知觉与作为观看者的主体是割裂的。梅洛-庞蒂在批判格式塔心理学时也表达过类似观点:"他们把被知觉的世界的结构看作特定物理或心理过程的结果,最终,真实的世界成为科学所证实的物理世界。"①

为了避免观者在观看时产生这种经验,莫里斯在创作中偏爱使用不规则的多面体。以他创作于 1968 年的作品《无题》(图 1-1)为例,这是一块以软材料毛毡为原料的艺术品,由 19 块毛毡碎片组成。当观者观看这一作品时,他无法形成一种直观的、即时的概念来对其进行解释,因为在其已有的知识中,并没有与此相关的格式塔可以定义所看到的是什么形状,相反,观者体验到的只是一种无序与混乱的物质堆砌,在他依据当下的感知来进一步观看作品时,其身体便被纳入作品所处的空间之中,并在空间中与作品发生交互关系,"我们对莫里斯的'工作'并不是一成不变的仰慕,而是发现我们自己处于物的工友、一个潜在合作者的位置上"②。在莫里斯的装置艺术作品中,大部分作品的尺寸是与人体高度相似的。这基于他自身的一项观察,他注意到,"在知觉建筑空间时,一个人的空间就不是孤立的,而是与被知觉物共存"③,在这种情况下,人是被建筑物的空间所包围的,他作为建筑物空间中的元素而发挥能动性,"身体不仅仅是在建筑的空间中穿行,而且构成了空间环绕其间并以此获得自身独特本质的轴性坐标的基础"④。

---

① Rosalyn Diprose & Jack Reynolds edited. Merleau-Ponty: Key Concepts [M]. London: Routledge, 2008: 88.

② [美] W. J. T. 米切尔. 图像理论 [M]. 兰丽英,译. 重庆:重庆大学出版社,2021: 252.

③ Robert Morris. Continuous Project Altered Daily: The Writings of Robert Morris [M]. New York: The MIT Press, 1993: 182.

④ [英] 保罗·克劳瑟. 视觉艺术的现象学 [M]. 李牧,译. 南京:南京大学出版社,2021: 182.

相反，在知觉一些物品时，是人在围绕物品的空间进行知觉。对于莫里斯而言，只有在第一种情况下才能产生物体与观看者的交互，因此极简主义艺术家需要"建构而非排列"①，二者的区别在于，建构是将艺术家自身作为作品的要素参与其中，排列则是旁观式的，是艺术家外在于作品而进行的操作。具体到艺术创作中，雕塑便是建构的典型。在他看来，"雕塑是介于作品与环绕它的观看者之间的表演"②。表演意味着一种持续、动态的交互过程，这就暗含了"作品与观看者之间的现象学交互作用，作品的规模不仅表示观看者与作品之间的关系，正如对于纽曼而言，规模还表示了观看者、作品与画廊空间之间的三重交互作用"③。于是，莫里斯的艺术作品大部分采用了像雕塑一样的大型尺寸，并且这些作品都是不规则的，观看者每换一次位置观看作品，所产生的都是不一样的知觉，但由于不存在预先的格式塔式建构，这些零散的知觉经验无法为观看者勾勒出一个整体的观念，在观看过程中所能感知到的只是作品本身，正如苏珊·桑塔格所言："我们的任务不是在艺术作品中去发现大量的内容，也不是从已经清楚明了的作品中榨取更多的内容，我们的任务是削弱内容，从而使我们能够看到作品本身。"④ 也正是在这种观看作品本身的过程中，观看者才能具身地参与其中。

---

① Robert Morris. Continuous Project Altered Daily：The Writings of Robert Morris ［M］. New York：The MIT Press，1993：91.

② John Corfield. Phenomenology and Neuroscience in the Awakeness and Perception of the Form and Informe of Sculpture，as Exemplified in the Work of Robert Morris，Anthony Caro，Tony Cragg and Jim Lambie ［D］. Cabterbury：University Collegefor the Creative Arts，2006.

③ John Corfield. Phenomenology and Neuroscience in the Awakeness and Perception of the Form and Informe of Sculpture，as Exemplified in the Work of Robert Morris，Anthony Caro，Tony Cragg and Jim Lambie ［D］. Cabterbury：University Collegefor the Creative Arts，2006.

④ ［美］苏珊·桑塔格. 反对阐释 ［M］. 程巍，译. 上海：上海译文出版社，2011：15.

图1-1　罗伯特·莫里斯，《无题》(1968)

二、观看者的身体参与

法国学者乔治·迪迪-于贝尔曼指出，"人体是所有认识和所有视觉的初始物"[①]，在欣赏艺术作品时，人正是依据身体来进行观看的，这种观看方式不是笛卡尔式、依据双眼的机械视觉反射活动完成的，而是梅洛-庞蒂所谓的观看者依据身体对作品的"远距拥有"[②]。这里的距离不是空间上的距离，不是观看者与作品之间可测量的线性距离，而是在存在论层面上，作为存在者之一的观看者的身体与作品这另一存在者

[①]　[法] 乔治·迪迪-于贝尔曼. 看见与被看 [M]. 吴泓缈，译. 长沙：湖南美术出版社，2015：2.

[②]　[法] 梅洛-庞蒂. 眼与心 [M]. 龚卓军，译. 台北：典藏艺术家庭，2007：86.

之间的距离。这一距离是基础且必要的，因为无距离的观看只会导致对作品的吞没，将作品看作表达既有观念的工具。就如萨特所指出的那样，"认识事物就像蜘蛛分泌白色的丝线卷裹它的猎物一样，而思想、概念就是认识的丝线。因而，看的过程就是用思想的丝线包裹事物、吞没事物的过程"①。这样的观看所能看到的只是观看者"头脑中已有的东西"②。梅洛-庞蒂提出的"远距拥有"便是反对这一观看方式的，他在此强调的是不同存在者之间的交互作用。在他看来，不同存在者之间的差异与距离是固有的，它们不能被抹消，任何一位存在者都无法像蜘蛛吐丝般将另一位存在者吞并，正是基于此，它们之间的交互才是可能的。当观看者在观看作品时，他的身体参与其中，他不是要对作品做出阐释，而是在存在论层面上知觉自身与另一存在者的联系。莫里斯指出，"空间中的物体与我们身体的距离是必要的，这是为了它能被完全看到，能建构非个人或公众的模式"③。这意味着莫里斯所展示的不仅是作为存在者的观看者与作品之间的联系，更是力图表达存在自身的多种面相。每一观看者都是不同的存在者，他们与作品交互的方式也各有所异，而使得这种差异成为可能的便是存在自身。

为了能使观看者更好地与作品发生交互，莫里斯还创作了一系列装置艺术品。相比图 1-1 接近人体尺寸的、堆积在墙边的毛毡艺术品，图 1-2 的艺术品纳入了更多的空间因素，以此使得观看者能依据身体在其中穿行，从而获得一种持续且动态的知觉体验。相比图 1-1 用毛毡这单一材料制成的作品，这一《无题》（图 1-2）使用了包括镜面、

①　张尧均. 重新看世界——梅洛-庞蒂论哲学与非哲学的相互蕴涵［J］. 天津社会科学，2017（04）.

②　［法］保罗·维利里奥. 视觉机器［M］. 张新木，魏舒，译. 南京：南京大学出版社，2014：87.

③　Robert Morris. Continuous Project Altered Daily：The Writings of Robert Morris［M］. New York：The MIT Press，1993：13.

木头、钢材等在内的多种材料，这些材料被加工成不同的形状后并置在一起。莫里斯注意到，在观看者对作品的经验中，发生着一种从 "图形-背景知觉到视觉领域的转化，从具体、同类的对象向事物或材料的集合的转化，这些集合有时是异质性的"①。这意味着对观看过程本身的强调，在这一作品中，这些异质性材料被做成形状各异的部分，观看者在观看时，无法产生一种关于作品的整体性观念，更无法去探求艺术家的创作意图，相反，他只能凭借身体的移动去知觉作品。当观看者在作品中穿行时，他每到达一个新的位置，所看到的都是不一样的景象，与他所发生交互的物体与空间也是不同的。可以说，他的每次移动所产生的都是全新的知觉体验。当他走到尺寸较小的物体面前，他需要抬腿跨过；当他走到尺寸较大的物体面前时，他需要绕过；当他走到镜面前时，他便又与镜中的影像发生了联系，从而在虚拟与现实的模糊边界处进行感知。在这一过程中，从文化意义上对物体的认知是第二位的，观看者对物体的体验是 "以事物在我们完全清晰的经验中所出现的样子来认识事物"②。伴随观看者身体的不同运动而产生的一系列变化反映的是存在者自身与其所处场域关系的变化，当他依据身体与艺术品发生联系时，整个观看过程便成为动态的。莫里斯指出，"艺术自身就是一种改变的活动，也是迷惑与转换的活动，有着强烈的非连续性与易变性"③。作品中的物体就位于空间中的某处，每一物体均有自身的位置，它在其特定的位置上与其他物体、与其所在的空间形成一个特定的场域，当观看者作为新的构成要素介入这一场域中时，原有的关联就会被

---

① Robert Morris. Continuous Project Altered Daily：The Writings of Robert Morris ［M］. New York：The MIT Press，1993：57.

② ［法］梅洛-庞蒂. 知觉的首要地位及其哲学结论 ［M］. 王东亮，译. 北京：三联书店，2002：57.

③ Robert Morris. Continuous Project Altered Daily：The Writings of Robert Morris ［M］. New York：The MIT Press，1993：69.

改变。正如梅洛-庞蒂曾指出的，"知觉，是借助身体使我们出现在某物面前，该物在世界的某处有其自身的位置，而对它的破译旨在将其每一细节再置放到适合它的感知境遇之中"①。正是对场域的不断介入与重构，使得艺术成为能够"改变知觉的能量驱动"②。

图1-2　罗伯特·莫里斯，《无题》（1968—1969）

如果说，在以上作品中，莫里斯还是采用了诸多观看者所熟悉的形状与比例，那么在图1-3的《无题》中，这种熟悉感则被完全瓦解。需要注意的是，在莫里斯创作于20世纪60年代的众多作品中，之所以大多数作品被命名为"无题"，是为了防止名称所隐含的直观性与暗示性。在这一创作于1968年的作品中，观看者首先经验到的便是铺满了画廊地板的一团杂物。这些杂物中既有废弃的线团、沥青、镜片，也有铜管与毛毡。这些完全异质的材料被无规律地堆积在一起，并且由于某

---

① ［法］梅洛-庞蒂. 知觉的首要地位及其哲学结论［M］. 王东亮，译. 北京：三联书店，2002：74.

② Robert Morris. Continuous Project Altered Daily：The Writings of Robert Morris［M］. New York：The MIT Press，1993：68.

些材质的不稳定性,整个作品是在持续变动的,它完全没有任何固定的维度。作品几乎占据了全部的地面空间,这一作品"从参与者的空间描绘了画廊空间,并通过将其推至观者面前而将这两个空间结合起来,这就强迫观看者的生理与知觉反应"①。这一作品没有任何参照,它与以往的艺术史是断裂的,对于莫里斯来说,当观看者看到这一作品时,他会产生两种知觉类型,即"对现时空间的知觉与静止的知觉"②。前者是观看者当下的感受,而后者是已经铭记于身体之中的记忆及经验,这两种类型是混合的。梅洛-庞蒂也曾指出,"知觉不是对事物的简单审查,而是由身体所实现的预期"③。这意味着观看者当下的知觉不是孤立的、不是完全与过去脱节的,正是由于知觉是依靠身体来进行的,而身体又包含了记忆,因此当下的知觉与以往的经验是相互融合的,而不同的观看者在知觉同一作品时,自然会产生不一样的感受。"我们所身处的位置,以及我们在那里所发现的事物,是基于我们的兴趣以及我们的过往与那些事物之间的关联,而主动寻求或者避免才显现出来的。"④ 需要注意的是,此处的主动寻求与避免都应被理解为一种精神分析意义上无意识的,或者现象学意义上原初的,它不是观看者有意根据自身兴趣主动选择的结果,而是身体在面对作品时所产生的一种自然反应,这是类似条件反射般的观看。由于以往发生在身体上的事件成为

---

① Sandra Kage Alexander. Returning to the Soil of the Sensible: Phenomenological Reading of Robert Morris's and Richard Serra s' Minimalist Sculpture [D]. University of Andrews, 2000.

② Robert Morris. Continuous Project Altered Daily: The Writings of Robert Morris [M]. New York: The MIT Press, 1993: 178–180.

③ Maurice Merleau-Ponty, translated by Paul B. Milan. The Incarnate Subject: Malebranche, Biran, and Bergson on the Union of Body and Soul [M]. New York: Humanity Books, 2001: 88.

④ [英] 保罗·克劳瑟. 视觉艺术的现象学 [M]. 李牧,译. 南京:南京大学出版社, 2021: 153.

铭刻在身体上的印记，而这些印记又在不断塑造着身体，因此这种观看便具有了个体独特性，每位观看者所观看到的都是不一样的，他们也以彼此相异的方式与作品发生着关联。莫里斯指出，"终极定义永远无法被艺术家提前知道，因为作品的完成在观看者手上"①。虽然艺术家创作出了作为物理存在的作品，但他无法预知每位观看者观看作品的方式，在此种意义上，艺术家只是凭借作品打开了一个观看的可能性场域。正如米切尔所评论的那样："莫里斯的作品一直在这些备选方案之间进行操纵，寻求着哲学对象的'微妙情境'，即一个辩证的形象文本，这个形象文本在一个特定的构造物中实质化，在特定情境下与特定人类身体相联系。"② 而正是因为有了不同的观看方式，不同存在者之间的联系才得以被建立，作品才能被真正地完成。

图1-3 罗伯特·莫里斯，《无题》(1968)

---

① Robert Morris. Continuous Project Altered Daily：The Writings of Robert Morris ［M］. New York：The MIT Press, 1993：82.

② ［美］W. J. T. 米切尔 . 图像理论 ［M］. 兰丽英，译 . 重庆：重庆大学出版社，2021：258—259.

三、艺术作品的空间

在对艺术作品的创作中，莫里斯受抽象表现主义画家杰克逊·波洛克影响较大。因为在早期学习艺术时，他从事的是绘画，而在绘画中，波洛克将对身体的使用发挥到了最大限度。在莫里斯看来，当波洛克绘画时，伴随着身体的自由移动与笔墨的肆意挥洒，画家正在知觉的身体与世界发生了交互。在此过程中，"材料的本质、重力的限制、被限定的身体移动性彼此交互"①。受此影响，莫里斯开始对艺术过程给予了特别的强调，这意味着莫里斯不再关注创作完成后的作品是什么，以及它呈现为何种形态，而是如波洛克一样，重视创作这一作品的过程。但他之所以放弃绘画，是由于他认为自己无法像波洛克那样展现绘画的过程，在自身的绘画实践中，他认为绘画完成后，其创作过程是无法被呈现的。而这一过程的呈现对于艺术创作是至关重要的，它记录的是艺术家作为在世存在的主体，与世界发生关联的方式，铭刻的是艺术家的在场痕迹，同时这种过程带有偶然性。"极简主义作品远远不是观念论的，而是将概念的纯粹性与特定时空中的知觉偶然性、身体的偶然性糅合在一起。"② 这种对偶然性的强调就使得极简主义的创作实践着现象学的方法论，梅洛-庞蒂"把世界看作本质上是偶然的"③，而莫里斯也强调艺术是一个变动的过程，其创作的过程便是对这种偶然性的记录。

莫里斯在 1968 年至 1969 年间创作了作品《蒸汽》（图 1-4），这一作品把构成作品的原材料的不稳定性发挥到了极致。相比其他作品中使

---

① Robert Morris. Continuous Project Altered Daily：The Writings of Robert Morris ［M］. New York：The MIT Press，1993：77.

② ［美］哈尔·福斯特. 实在的回归：世纪末的前卫艺术 ［M］. 杨娟娟，译. 南京：江苏凤凰美术出版社，2015：50.

③ ［美］赫伯特·施皮格伯格. 现象学运动 ［M］. 王炳文，张金言，译. 北京：商务印书馆，2011：722.

用的固体与液体材料，在这一作品中，他主要呈现的是蒸汽——在一块草地上，地面上有几根管道，莫里斯用石块来固定管道，而从管道喷涌出的蒸汽从石块间不断冒出、扩散并最终消失。气体完全无定型，并且由于这一作品被放置在室外，伴随着蒸汽的持续运动，作品空间与室外空间在不断地碰撞与融合，空间成为多重领域的重叠，其模糊性在此表现得尤为突出。在创作这一作品时，莫里斯对作品最终呈现出来的形态并不关心，事实上这也是无法被预知的，他只是用自己的身体搭建起了那些石块，这种搭建方式本身就具有极大的偶然性。对于莫里斯来说，"身体在世界之中，重力操纵着它，当我们在操作物体时可以感知到它"①。在日常生活中，由于身体的垂直平衡性，主体很难感知到身体所受到的重力，但在从事一些诸如舞蹈、体操等身体运动时，这种重力就可被感知到。同样，当主体在搬运物体时，其身体所产生的运动与物体自身的重量也能使其感知到重力的作用。莫里斯在创作这一作品时，是他在世存在的身体参与了这一过程，他的身体与那些堆积起来的石块在存在的层面彼此交互而发生作用。当蒸汽从石块中冒出时，作为搭建者的莫里斯便隐匿了，观者所能感知到的只是艺术家的曾经在场。而当观看者观看这一作品时，他不再是如在画廊中那样，占据特定的物理空间观看作品并与之发生联系，而是被作品自身的不稳定空间所包围，他的身体寓居于作品空间之中，这就建立了"观看者与作品之间的模糊而复杂的动态关系"②，蒸汽不断运动，它的稳固性持续受到破坏，观看者需要不断调整自己的观看，在这种观看中，他会"受到激发去探

① Robert Morris. Continuous Project Altered Daily：The Writings of Robert Morris ［M］. New York：The MIT Press，1993：90.

② Sandra Kage Alexander. Returning to the Soil of the Sensible：Phenomenological Reading of Robert Morris's and Richard Serra s' Minimalist Sculpture ［D］. University of Andrews，2000.

索在一个既定地点的某个特别的介入所造成的知觉效果"①。

可以说，作品中既保留了艺术家的身体在场，又将观看者的身体纳入其中。作品空间成为一个动态的拓扑的空间，它不断地与身体发生交互，因此，"这个空间是开裂的，向着四面八方敞开，必须在这个'开口'——现在，它是所有待创造形式的纯粹可能性中把握空间"②。

图1-4　罗伯特·莫里斯，《蒸汽》（1968—1969）

正如对于梅洛-庞蒂而言现象学的工作是描述而非阐释一样，莫里斯也并非意图通过作品揭示某种真理，而是力图展示那个正在变动的世界，与画家借助画笔的方式不同，他借助一系列装置艺术作品敞开存在的场域，相比二维的绘画，对三维装置艺术作品的制作要复杂得多，它需要多种材料、更为广阔的空间以及艺术家对空间关系的建构，而正是凭借自己的身体，艺术家才可以介入其中，也正因如此，在被建构的作品中总是有着艺术家身体的在场痕迹。在对作品的构建中，艺术家的身

---

① ［美］哈尔·福斯特. 实在的回归：世纪末的前卫艺术［M］. 杨娟娟，译. 南京：江苏凤凰美术出版社，2015：48.
② ［法］加斯东·巴什拉. 梦想的权利［M］. 顾嘉琛，杜小真，译. 上海：华东师范大学出版社，2013：222.

体伴随着每次运动，都与空间发生着不同的联系，它暗示着主体与存在发生联系的多种面向。就是在众多可能性与关系之中，艺术家通过身体的介入描述了其中之一，可以说，莫里斯的作品"是与语境空间之中的多个面向相互一致的，它们具有一种有关视觉影射的特殊力量，它们所携带的这种力量使得它们可以同时生发出不同的可能性"①。在 1976 年至 1977 年间创作的《无题》（图 1-5）作品中，身体与空间的关系得到了进一步表达，不同的是，这一作品中的空间还包含了由镜像所产生的虚拟空间。

图 1-5　罗伯特·莫里斯，《无题》（1976—1977）

在这一作品的创作中，莫里斯使用了 12 块矩形镜面，每块镜面约 2.5 米宽，其中两对双面镜被放在房间中央，四对单面镜被分别置于房

---

① ［英］保罗·克劳瑟. 视觉艺术的现象学［M］. 李牧，译. 南京：南京大学出版社，2021：164.

间的四个角落。由于镜面之间可以相互映射,当观看者在其中穿行时,其镜像是在不断倒置、不断运动的,这就会给观看者带来一种眼花缭乱、迷失方向的感觉,他不再能够清楚地区分真实空间与虚拟空间,随着自身的运动,空间也在发生交替、倒转与重构,他需要不断地重新定位以获得方向感。于是,"空间中的方向、端点、轮廓本身都是衍生于我的在场所产生的现象。它绝对也立基于其自身,无处不等同于自身而具有同质性,而像维度这样的东西依定义是可以加以替换的"①。之所以说空间立基于自身,是由于在这一作品中,空间就是由镜面在画廊空间中的分布而构成的,这是一种具有同质性的空间。但当观看者在空间中移动时,他作为空间中的要素,是在依据自己的身体对空间进行探索。由于镜面的持续反射,真实空间与虚拟空间被重叠在一起,这样的空间对于他来说就是异质的。他不再同过去一样,是在一个熟悉的空间中行动,相反,他要依据身体在这个持续变化的空间中找到方向感,这一空间不再是透明的、无深度的,而是模糊的、非均质的,也正是在这种探索的过程中,身体与空间紧密地结合起来。正如莫里斯所说的那样:"在任何事件中,对于我们而言时间都有方向,空间有远近,我们的身体对重量与平衡、上与下、运动与静止有着一种内在的意识,关于行动的身体限制的普遍意义都与这些意识相关。"② 正因如此,对于观看者来说,空间才成为衍生于其在场的现象,依据不同的身体运动,观看者与空间发生作用的方式也彼此相异,"真正的空间只有在真正的时间中才能被经验,身体在运动之中,眼睛不断地做着改变焦距的持续运

---

① [法] 梅洛-庞蒂. 眼与心 [M]. 龚卓军,译. 台北:典藏艺术家庭,2007:106.

② Robert Morris. Continuous Project Altered Daily:The Writings of Robert Morris [M]. New York:The MIT Press,1993:90.

动，固定着众多静止或移动的图像"①。而莫里斯的创作便是要为观看者提供一个场域，使其身体与空间发生联系的多种方式成为可能。

四、结语

学者布里奥尼·费尔曾指出，"现象学是极简主义的哲学"②。这是由于相比已有的哲学理论，现象学提供了一种全新的看待世界的方式，它不是在理论层面建立一套概念框架来描述世界，而是从当下的个体实际经验出发，描述个体与世界之间的模糊关系，并以此打开蕴含这种多样的可能性关系的场域。莫里斯作为极简主义的代表人物，其创作理念深受梅洛-庞蒂的现象学思想影响，而他之所以在众多哲学家中以梅洛-庞蒂的理论为指引，是基于二者在思想上的众多相似之处。梅洛-庞蒂批判以笛卡尔为代表的二元论，因为笛卡尔将世界的确定性看作"我思"的产物，因此在探讨视觉经验时，对于笛卡尔来说，主体的观看只是事物在视网膜上的机械投射活动，只有依靠"我思"才能理解所看到的视像，于是，这一理念导致在对艺术作品的观看中，主体总是将作品从其语境中剥离出来，并试图用已有的知识去解释作品，去探求其意义，而忽视了看的过程本身。莫里斯对此也持批判态度，因为这导致主体与作品之间始终有一道由既定概念体系所建立起来的屏障，这种观看方式是非原初的。而格式塔心理学虽然强调图形-背景的一体性，它不再将作品与其所处的空间割裂开来进行观看，但它忽视了不同的主体与其处境之间的相异性关系，它预设了观看对于所有主体来说都是一样的

① Robert Morris. Continuous Project Altered Daily：The Writings of Robert Morris ［M］. New York：The MIT Press，1993：177.

② Sandra Kage Alexander. Returning to the Soil of the Sensible：Phenomenological Reading of Robert Morris's and Richard Serra s'Minimalist Sculpture ［D］. University of Andrews，2000.

这一前提。而现象学的方法，首先就是从对个体经验的描述出发的，对于梅洛-庞蒂来说，主体与世界发生联系的方式是知觉，而知觉是先于理智加工的原初经验，它以主体在世存在的身体为载体。

正是基于此，莫里斯在创作时对知觉经验给予了特别的重视。他通过材料的混合、不规则形状的使用等方式来建构艺术品，以避免观众所产生的直观性经验。他的作品往往采用了和人体一样的尺寸，因为在这样的知觉中，"人类身体进入到尺寸的完整连续体中，并将自身建构为一个常量"①。于是，在对作品的观看中，观看者依据身体参与到作品之中，并在其身体的运动中感知作品。莫里斯在创作时，他所表现的就是世界的偶然性本身，而他作品的完成记录的也是他作为个体与世界发生联系的过程，只不过这一过程并没有随着作品的完成而结束，相反，它是一种开始，一种打开蕴含了所有可能性关系的场域的开始，莫里斯的作品"通过某种非直接的隐含方式来烘托意义，它为我们提供了客观的模型，来揭示个体性在语境空间的所有面向的投射中所扮演的角色"②。于是，莫里斯作品的空间不是封闭的、固定的，而是动态的拓扑空间，它朝四面八方开裂，将观看者的身体纳入其中。这就要求在对艺术作品的观看中，摆脱希冀从作品中看到什么的预期，而是如苏珊·桑塔格所说的那样，重视观看这一过程本身，"现在重要的是恢复我们的感觉，我们必须学会更多地看，更多地听，更多地感觉"③。无论是对于梅洛-庞蒂还是莫里斯而言，这种感觉所依靠的都不是理智，而是依据身体所产生的原初知觉体验。

---

① Robert Morris. Continuous Project Altered Daily：The Writings of Robert Morris ［M］. New York：The MIT Press，1993：11.

② ［英］保罗·克劳瑟. 视觉艺术的现象学 ［M］. 李牧，译. 南京：南京大学出版社，2021：167.

③ ［美］苏珊·桑塔格. 反对阐释 ［M］. 程巍，译. 上海：上海译文出版社，2011：15.

第二章

语言作为表达

第一节　语言表达与存在

　　梅洛-庞蒂对语言的思考从其早期的著作《知觉现象学》开始，一直持续到他后期的《可见的与不可见的》之中。在不同的阶段，由于受不同思想的影响，他对语言的看法也各有所异。在他早期以身体为基础建构的知觉现象学中，语言作为身体图示的一部分发挥作用，同身体的使用一样，它是主体对世界原初知觉经验的表达方式。在中期，受索绪尔结构主义语言学的影响，梅洛-庞蒂接受了索绪尔关于语言的"差异性"思想，但反对前者将语言学的研究重心放在整体语言上。在梅洛-庞蒂看来，现象学关注的是作为个体存在的人及其经验，因此个体言说是语言学研究不可忽视的维度，因为它与存在密切相关，这是一种既有胡塞尔式现象学观照，又带有明显的海德格尔式存在论的倾向。在此期间，他阅读了大量包括梅耶、房德里耶斯等在内的语言学家的著作，并在其开设于索邦大学的课程中集中探讨儿童的语言习得问题。与此同时，他也对作家普鲁斯特的文学语言，以及兰波、马拉美、阿波利奈尔等诗人的诗歌语言进行分析。在后期，语言成为肉身运动形成的事件，语言的表达成为发生在此时此地的一个偶然性片段，它自身处于不断生成之中，是朝向真理的运动，是对世界的探究（Interrogation）。因此，历时地回溯梅洛-庞蒂对语言的思考，可以为了解其思想提供一条新的路径。

一、语言与思想的同构性

在《知觉现象学》中，梅洛-庞蒂在《作为表达和言语的身体》这一章集中探讨语言问题。他对语言的研究始于对机械论心理学与理智主义心理学语言观的批判。前者将语言看作由特定刺激或神经机制唤起的现象，它是一种自身无意义并隶属其他现象的附属品，由思维产生并由思维决定，作为思想表达的工具而发生作用。于是，"词语不过是一种发音的、发声的现象，或对于这一现象的意识，但在所有情况下，语言都只不过是思想的外在伴随物"①。而理智主义心理学虽然不用自动性来解释语言的出现，但也用心理或生理机制来解释范畴活动完成后词语的显现，因为在他们看来，词语是一种没有自主性的无活力外壳（enveloppe inerte）。可以看出，以上两种观点都将思想看作语言存在的前提，语言因此处于一种附属、被动的地位。梅洛-庞蒂反对此种赋予思想与语言逻辑先后顺序的看法，语言不是表达思想的工具，它与思想是同构的、一体的。"在说者那里，言语并不传达一种已经形成的思想，而是实现它。"② 这意味着思想并不是先于语言而产生的，而是伴随着言说而构成的。思想不再是某种内部的产物，语言也不再是一种外部工

①　[法]梅洛-庞蒂.知觉现象学[M].杨大春等，译.北京：商务印书馆，2021：247.
②　[法]梅洛-庞蒂.知觉现象学[M].杨大春等，译.北京：商务印书馆，2021：249.

具，二者自成一体，就如一张纸的正反面不可切分一样，当主体在进行言说时，其思想也处于建构之中。"言语和思想是一个被包含在另一个之中，意义被纳入言语之中，而言语是意义的外部实存。"① 梅洛-庞蒂曾将思想与语言看作两个无形的实体，就如风与水一样，二者都是流动的、无法限定的，但是随着风的变化，湖面的水会产生不同的波浪，这是二者共同作用的结果。在此基础上，梅洛-庞蒂总结道："既没有思想的物质化，也没有语言的精神化，思想与语言仅仅是同一独特现实的两个片段。"② 所以，主体对语言的使用是自然而然的，就像主体可以自如地使用身体一样，这并非一种有意识思维活动的结果，而是由语言与思想间的原初亲缘关系所致。"我回想词语，就像我的手伸向我被触摸的身体部位一样，词语在我语言世界的某处，它是我装备的一部分，我仅有一种方式来表现它，就是将之说出来。"③ 既然语言不是对既有思想的表达，那就说明在被言说之前，尚不存在一个已经预设好的意义，相反，意义是在言说的过程中形成的。"词与其活生生的意义的关联不是联想的外在关联，意义寓于词中，语言不是一些理智过程的外在伴随物。"④ 这与萨特的观点明显相反，在后者看来，"从一开始起，意义就没有被包含在字句里面，因为恰恰相反，正是意义使我们得以理解每个词的含义"⑤。萨特将意义看作一种先验存在，认为是意义确保了

① ［法］梅洛-庞蒂. 知觉现象学［M］. 杨大春等，译. 北京：商务印书馆，2021：254.

② Maurice Merleau-Ponty, Le Problème de la Parole. Cours au Collège de France Notes, 1953—1954［M］. Genève：Mē tisPresses, 2020：25.

③ Maurice Merleau-Ponty, Édition établie par Claude Lefort. Œuvres［M］. Paris：Éditions Gallimard, 2010：867.

④ ［法］梅洛-庞蒂. 知觉现象学［M］. 杨大春等，译. 北京：商务印书馆，2021：269.

⑤ ［法］让-保尔·萨特. 什么是文学？［M］. 施康强，译. 北京：人民文学出版社，2018：40.

词语的含义，因此意义具有了优先性。但在梅洛-庞蒂看来，当萨特将语言当作一种由意义保证的产物时，它们之间便具有了逻辑上的先后关系，如此便抹杀了二者的共生性与同时性。

需要注意的是，尽管梅洛-庞蒂强调意义与词语是同时完成的，但意义并不寓居于某一特定符号中，而是存在于语言这一整体中，正是语言的集合使得意义的产生成为可能。"意义不在词语之后，不是由某一个特定单词所涉及，而是穿越语言整体显现。"① 于是，意义由语言的整体运作而形成，对于个体来说，语言"呈现或毋宁说它就是主体在他的含义的世界中采取立场"②。也就是说，主体在言说时，便是参与到了语言运作产生意义的过程中，只不过不同主体参与其中的位置不同。梅洛-庞蒂在此提出的"世界"强调的是"从自然生活中获取了其结构的精神或文化生活，能思维的主体必须建立在具身化的主体上"③。由于身体是主体与世界发生联系的枢纽，而每一次语言的言说就如身体动作的改变一样，意味着主体知觉世界方式的变更。梅洛-庞蒂之所以强调世界的精神或文化内涵，是因为语言总涉及一套具有社会性的约定俗成规则，这种共有的规则能使得主体与他人交流并理解他人。当主体在进行言说时，他就是在这个与他人共在的文化世界中占据自己的意义位置，"言语的意义不是别的，而是它支配这个语言世界的方式，或者它在已获得各种意义的键盘进行调制的方式。我在就像一声喊叫这样短

---

① Maurice Merleau-Ponty, Le Problème de la Parole. Cours au Collège de France Notes, 1953—1954 [M]. Genève：Mē tisPresses, 2020：30.

② [法] 梅洛-庞蒂. 知觉现象学 [M]. 杨大春等, 译. 北京：商务印书馆, 2021：269.

③ Maurice Merleau-Ponty, Édition établie par Claude Lefort. Œuvres [M]. Paris：Éditions Gallimard, 2010：881.

暂的一个未分化的行为中抓住这一意义"①。主体的每次言说都意味着其在意义世界中采取了不同的立场,他人亦是如此,对此,梅洛-庞蒂借用戈尔德斯坦对失语症的研究概括道:"一旦人用语言来确立与自身或他的同类的活生生的关系,语言就不再是一种工具,不再是一种手段,它是一种显示,是对内在存在以及把我们与世界、与我们的同类结合在一起的心理联系的一种揭示。"② 之所以说其是活生生的,是因为这种关系处在不断的变化之中,语言由此成为一个开放的系统,虽然它需要遵循一定的规则,但整体而言,它不是已经成形的、固定的,而是处在进行中的活动。正是这种开放性,使得新的意义可以被产生。

梅洛-庞蒂进一步区分了两种言语——"能表达的言语"(parole parlante)与"被表达的言语"(parole parlée)。前者指代一种进行中的言语,"只有在前者中我们才能找到意指意向"③,即它是主体围绕意指意向言说的话语,处于诞生状态下,是一种"使我自己震惊,它教会了我自己的思想"④ 的话语。而后者涉及一种已经完成的、成为体系的话语,它"像享有一种既得财富那样享有一些可利用的含义"⑤,这种言语是一种陈词滥调,是我们的日常话语,它不断重复却无法产生新的意义。而能表达的言语则使作家、艺术家、哲学家的创造性活动成为可能,使得世界以不同的方式显现。需要注意的是,尽管梅洛-庞蒂做了

---

① [法]梅洛-庞蒂.知觉现象学[M].杨大春等,译.北京:商务印书馆,2021:260.
② [法]梅洛-庞蒂.知觉现象学[M].杨大春等,译.北京:商务印书馆,2021:273.
③ James Schmidt. Maurice Merleau-Ponty: Between Phenomenology and Structuralism [M]. Houndmills: Macmillan Publishers, 1985: 114.
④ Donald A. Landes. Merleau-Ponty and the Paradoxes of Expression [M]. New York: Bloomsbury Academic, 2013: 134.
⑤ [法]梅洛-庞蒂.知觉现象学[M].杨大春等,译.北京:商务印书馆,2021:274.

这样的区分，但二者之间不是决然对立的关系，而是可以相互转化的。"能表达的言语"在被言说完成之后，便成为"被表达的言语"，而通过对"被表达的言语"的再加工、再创造，它亦可以成为"能表达的言语"。这尤其体现在文学语言的使用上，被梅洛-庞蒂所称赞的普鲁斯特在其著作《追忆似水年华》中便是使用"能表达的言语"来描述其对世界的感知，他的体验、思想、回忆、情感等都在言语中涌现，从而形成了一种知觉世界的新风格。而当作品被完成之后，这种语言便成为"被表达的语言"，那块包含着主人公斯万无限追忆的玛德琳蛋糕，如今也被读者固化为回忆的能指。而另有一些作家，通过对日常用语的陌生化处理，使其成为一种创造性的表达，梅洛-庞蒂引用过巴尔扎克小说《驴皮记》（*La Peau de Chagrin*）中的一句描述，"桌布洁白得像一层新落下来的雪"①，这就是一种赋予陈词滥调以新意义的话语。所以，"在我们将语言当作表达的日常使用之下，有一个动态的、创造性的表达领域"②，这二者之间可以互相转化。对于梅洛-庞蒂而言，他关注的重点并不在于二者如何转化，而是"能表达的言语"如何发生。在中期，梅洛-庞蒂表示《知觉现象学》并未解决"感知秩序与语言秩序间的联系"③问题，当他试图进一步分析二者间的关系时，他转向了对索绪尔结构主义语言学的阅读。

二、从整体语言到个体言说

罗兰·巴特曾指出，"梅洛-庞蒂也许是对索绪尔理论发生兴趣的

---

① ［法］梅洛-庞蒂. 意义与无意义 ［M］. 张颖，译. 北京：商务印书馆，2019：13.

② Jessica Wiskus. The Rhythm of Thought：Art，Literature and Music after Merleau-Ponty ［M］. Chicago：The University of Chicago Press，2013：2.

③ Maurice Merleau-Ponty. Le Problème de la Parole. Cours au Collège de France Notes，1953—1954 ［M］. Genève：Mē tisPresses，2020：12.

法国最著名的哲学家之一"①。而对索绪尔及其理论的探究最早出现在其 1947 年至 1950 年的课程讲义之中。梅洛-庞蒂对索绪尔语言学的关注不是偶然的，在他早期对语言的阐述中，就已包含了若干与索绪尔类似的思想。比如他曾指出，"语言的拥有首先被理解为'词语形象'（images verbales）的简单实际存在，即被说出或听到的词语在我们身上留下的痕迹，这些痕迹是有形的还是沉淀在无意识心理中均无关紧要，只要没有'会说话的主体'，以上两种情形中的语言概念就是相同的"②。

此处的词语形象便类似索绪尔的能指概念，二者都无意研究物理的、生理的声音，而是强调声音在主体身上留下的痕迹。梅洛-庞蒂进一步提出由声音痕迹诱发的语言概念的同一性，也与索绪尔语言学中能指与所指的约定俗成规则有异曲同工之妙。不同的是，索绪尔的关注点始终在于具有同质性与集体性的整体语言上，即一种不以个人意志为转移的普遍心理结构，而个体语言在他看来是异质的，是主体有意识的言说，它因个体的不同而具有多样的形态，因此并非语言学研究的重点。但对梅洛-庞蒂而言，现象学描述首要的就是从个体的当下经验出发，因此"会说话的主体"这个变量成为他必须关注的重点，因为现象学态度"准许进入一个语言体的活的、现在的语言"③。于是，被索绪尔排除在语言学研究之外的个体语言变成了梅洛-庞蒂语言现象学的焦点。在阅读索绪尔的著作的过程中，他接受了索绪尔的语言"差异化"原则，又在一定程度上修正了索绪尔的立场，使之适配自身的现象学

---

① ［法］罗兰·巴尔特. 符号学原理 ［M］. 李幼蒸，译. 北京：中国人民大学出版社，2008：12—13.

② Maurice Merleau-Ponty, Édition établie par Claude Lefort. Œuvres ［M］. Paris：Éditions Gallimard, 2010：860.

③ ［法］梅洛-庞蒂. 哲学赞词 ［M］. 杨大春，译. 北京：商务印书馆，2019：83.

描述。

在《间接的语言与沉默的声音》中，梅洛-庞蒂借用了索绪尔提出的观点，他指出，"从索绪尔的语言学我们得知，一个符号对于另一个符号并不意味着什么，只有当一个符号对另一个符号显示出它们与其他符号之间的意思差异时，它们当中的每个才表达一个意思"①。也就是说，符号本身并无意义，它凭借与其他符号的差异才获得意义，符号的意义不在于它是什么，而在于同其他符号相比它不是什么。索绪尔指出，"否定性、对立性在于相否定、相对立的特性本身，而不在于相否定、相对立的诸事实，也就是说，只在于诸事实相否定、相对立所产生的心理性效果"②。梅洛-庞蒂通过对儿童语言习得的考察来说明这一事实。

当儿童说出第一个词的时候，并不意味着他已经学会了符号—意指关系，相反，这是儿童"用他自己的方式模仿行动的结果"③。儿童在学习语言时，他对词语的学习是由其看护人所教授的，儿童只是在模仿他人发音的行动。比如儿童第一次发出"妈妈"这一词语时，他并不是围绕自己的意指意向建构语言的，因此也并未掌握这种联系。而当他在习得更多的词语后（如"爸爸"），他才能够根据"妈妈"与"爸爸"这两个词语的语音对立，理解其所表达的不同。对于索绪尔来说，"通过音素的最初对立，孩子便知道了作为从符号到意思的最终关系之基础的从符号到符号的侧面联系"④。梅洛-庞蒂亦表达了类似的思想，

---

① ［法］梅洛-庞蒂. 眼与心——梅洛-庞蒂现象学美学文集［M］. 刘韵涵，译. 北京：中国社会科学出版社，1992：63.
② 屠友祥. 索绪尔手稿初检［M］. 上海：上海人民出版社，2011：34.
③ Maurice Merleau - Ponty. Translated by Hugh J. Silverman. Consciousness and the Acquisition of Language［M］. Evanston：Northwestern University Press，2017：57.
④ ［法］梅洛-庞蒂. 眼与心——梅洛-庞蒂现象学美学文集［M］. 刘韵涵，译. 北京：中国社会科学出版社，1992：65.

"说话并不是指我们拥有一定数量的可支配的符号，而是指我们掌握了作为区分原则的语言"①。可以看出，语言并不等于词语的集合，而是一个依靠差异性构成的系统。这是索绪尔与梅洛-庞蒂的共识。

但是，梅洛-庞蒂反对索绪尔对整体语言和个体语言的区分。在他看来，整体语言与个体语言不是相互独立的，语言学研究不能将二者分离开来，没有能够脱离个体语言而存在的抽象整体语言，相反，只有在言说的主体身上，通过个体语言，整体语言才成为可能。"反思语言就是要在语言的客观科学这边重新发现言说的主体。"② 这一看法与梅洛-庞蒂自身的哲学立场相关，他反对哲学中既有的二分法，如主体与客体、自我与他人、身体与意识、自在与自为等等，而提出一种含混的哲学，在他的哲学建构中，各项之间不是非此即彼的对立关系，而是相互蕴含、可彼此转化的共生关系。因此，在涉及对语言的探讨时，他试图通过言说的主体来协调索绪尔的二分法。一旦梅洛-庞蒂将焦点聚集言说的主体身上时，语言学的研究就不再仅仅关注一个抽象的符号系统，而是涉及活生生的、在世界中存在的主体，涉及主体与世界的关系。学者詹姆斯·施密特总结道："梅洛-庞蒂以两种方式修正了索绪尔的立场：首先，他将差异化运作看作发生在个体言说的层面上，而非整体语言。其次，差异化过程不是包含概念与声音形象，而是知觉链与口头链。"③ 语言是依靠差异性构成的系统，个体的言说更是差异化的，这种差异不仅体现在自身与他人言说的相异，甚至个体自身在不同时刻的言说也是有所区别的。梅洛-庞蒂无意探究语言系统的差异化运作，而

---

① ［法］梅洛-庞蒂. 眼与心·世界的散文［M］. 杨大春，译. 北京：商务印书馆，2019：141.

② Merleau-Ponty. Translated by Talia Welsh. ChildPsychology and Pedagogy：The Sorbone Lectures 1949—1952［M］. Evanston：Northwestern University Press，2010：331.

③ James Schmidt. Merleau-Ponty：Between Phenomenology and Structuralism［M］. Houndmills：Macmillan Publishers，1985：108—109.

是对个体言说的差异感兴趣，因为这代表了主体在世存在的不同风格。正是基于此，他没有进一步在语言学的视域内研究能指与所指间的关系，而是将之扩展到知觉链与口头链的关系之上。在《知觉现象学》中，梅洛-庞蒂就曾将知觉理解为主体对世界的原初感知方式，它是一种整体性的、先于思维活动的体验，不同的主体有着不同的知觉体验。而当主体利用言说表达这种经验时，实际表达的是主体对世界的不同知觉模式，"言说是一种方式，在其中，表达的行为使言说者从一种迄今尚未分化的经验领域中产生一种新的意义"①，个体差异在此进一步得到体现。可以看出，梅洛-庞蒂只是将索绪尔的语言学作为工具，来建构自身的现象学体系，而"对语言的探究是他早期对表达的研究的发展"②。

三、不充分的语言表达

在探讨语言表达时，梅洛-庞蒂指出，语言是围绕意指意向进行建构的，正如身体动作的成功实施是由身体意向性与具体行动共同完成的一样，语言的表达也与意向性不可分割。但是，"表达的意愿本身是含混的"③，当主体运用语言表达这种含混的意向时，其言说只能"围绕一种意指意向进行探索，而这一意向没有任何文本可以用来指引自己，它正在写这一文本"④。在此，没有精确的介于语言与意指意向间的一

① James M. Edie. Was Merleau-Ponty a Structuralist？[J]. Journal of the International Associationfor Semiotic Studies，1971（4）.

② Lovisa Andén. Language and Tradition in Merleau-Ponty's Reading of Husserl and Saussure [D]. Studia Phenomenologica，2018，XVIII.

③ ［法］梅洛-庞蒂. 眼与心·世界的散文［M］. 杨大春，译. 北京：商务印书馆，2019：145.

④ ［法］梅洛-庞蒂. 眼与心·世界的散文［M］. 杨大春，译. 北京：商务印书馆，2019：157.

对一关系，有的只是不充分的表达，是永远无法完全贴合意指意向的表达，梅洛-庞蒂在此意义上表示，相比主体对世界的直接体验，所有的语言都是间接的，它无法直接达致意指意向，而是只能像旋涡般围绕在它周围，并引导主体到"差不多到达这种声音要说出某种意思来的那一时刻"①。对意指意向的表达有多种多样的方式，梅洛-庞蒂早期提出的身体使用是一种，而在中期，语言也成为其表达方式之一，此时的语言不只是身体图示的一部分，而是成为主体通达存在的方式之一。但语言表达也是多态的，不同的主体会选用不同的方式，由此便造成了风格（style）的差异。意指意向的含混性导致了语言表达的含混性，在进行表达时，总会有一部分脱离表达，滑落到表达的下方，意义因此也总是不完整的。基于此，说出的言语与意义之间也不再是一种清晰的点对点式关系，在梅洛-庞蒂看来，"表达并不是使话语的一个要素与意义的一个要素装配在一起，而是言语活动对于突然偏向其意义的一种言语活动的操作过程"②。而语言表达之所以成为可能，在于它的发生总是建基于一个沉默的背景，这意味着"在复杂的、已定的、已被表达的语言结构基质的背景中，在每一瞬间使言说行为发生"③。这个沉默的背景就是主体对世界的原初知觉经验，它"是意义的基底，在它之内，世界使意义成为可能"④，它包含了语言表达的可能性，它"先于言语、

① ［法］梅洛-庞蒂. 眼与心——梅洛-庞蒂现象学美学文集［M］. 刘韵涵，译. 北京：中国社会科学出版社，1992：65.

② ［法］梅洛-庞蒂. 眼与心——梅洛-庞蒂现象学美学文集［M］. 刘韵涵，译. 北京：中国社会科学出版社，1992：69.

③ Maurice Merleau - Ponty. Translated by Hugh J. Silverman. Consciousness and the Acquisition of Language［M］. Evanston：Northwestern University Press，2017：14.

④ Berndt Sellheim. Metaphor and Flesh-Poetic Necessity in Merleau-Ponty［J］. Journal of the British Societyfor Phenomenolofy，2010，41：3.

不停地伴随着言语、没有它言语就不会说出任何东西"①。但是，主体是无法完全用语言将这种经验表达出来的，当主体进行表达时，在其表达出来的意义之外，总是有一些剩余的、晦暗的、未被抵达的东西，"单一意义只是语词意义的一部分，在单义之外，总是有一种意义的光晕，它在语词新的和未曾料到的使用中呈现出来"②。因此，表达永远是不充分的。举例来说，就如主体在观看正方体时，正方体始终以一种胡塞尔意义上的侧显（Abschattungen）向主体显现，由于视域的限制，主体永远只能观看到正方体的某一侧面，而不可能同时看到所有侧面。因此，被说出的语言表达就如正方体被看到的那部分一样，它只是正方体的一种可能性，而不是全部。

正是由于完全的表达是不可能的，因此"语言永远不是纯粹的，它总是包含着间距和裂缝，而这正为改变提供了可能"③。试想如果语言表达是充分的，是与意指意向完全贴合的，其意义也是明晰的，那么这样的语言就是僵死的、封闭的系统，而无任何改变的可能性。相反，正是其自身的含混特性，使得语言具有了开放性。在梅洛-庞蒂看来，"语言的含混是存在的多元"④，正是由于存在自身的多样态，当用语言表达主体与存在的关联时，它就不可能是单义的、清晰的，而是多态又含混的。后期，梅洛-庞蒂在转向肉身本体论时，他用肉身的运动来阐释语言表达的不充分性。在他看来，由于肉身不断开裂，在肉身的运动

---

① ［法］梅洛-庞蒂. 眼与心·世界的散文［M］. 杨大春，译. 北京：商务印书馆，2019：157.
② ［法］梅洛-庞蒂. 可见的与不可见的［M］. 罗国祥，译. 北京：商务印书馆，2016：121.
③ Donald A. Landes. Merleau-Ponty and the Paradoxes of Expression［M］. New York：Bloomsbury Academic，2013：133.
④ Merleau-Ponty. Notes des Cours au Collège de France 1958—1959 et 1960—1961［M］. Paris：Éditions Gallimard，1996：135.

中总是充满了间隔（écart），语言是由肉身所建构而成的，因此这种肉身的间隔导致语言表达的不充分性，在说出的言语与意指意向之间总存在着裂缝。梅洛-庞蒂进一步指出，"表达的行动有两层：理想的意义与可感的肉身化"①。之所以强调是"理想的意义"，便是基于表达的不充分性，实际表达出的意义无法等同于与意指意向完全贴合的理想意义，但表达总是围绕这一理想意义而进行的，因此这是表达的第一层。而可感的肉身化意味着当主体借助语言来表达时，便是将这种对世界的感性的、原初的沉默经验用有声的方式呈现出来的过程，是为这种无形经验赋形的尝试。但是，"肉身的表达性不是由语言产生，而是存在在我们自身之内言说，且这种言说以一种更原初的方式进行"②。简而言之，是肉身的运动形成了作为存在者的语言，肉身的持续运动意味着存在在进行不断的言说，由此，语言成为对存在自身的探究（Interrogation）。探究不同于发问，它是没有确切回答的，语言只是围绕存在进行着不断探索。当主体进行言说时，"口头语言不是陈述，它是探究"③。存在自身是具有多种样态的，而语言也始终是一种保持开放性的运作，它们均处在不断的运动之中，而"言说的要点在于，它拥有一种能使存在中的间隔结晶的权力"④。如此，意义便能够被短暂地锚定，梅洛-庞蒂对此说道："句子是经过语言场域的波浪，是语言质料

---

① Maurice Merleau-Ponty. Edited by Leonard Lawlor&Bettina Berge. Husserl at the Limits of Phenomenology［M］. Evanston：Northwestern University Press，2002：33.
② Véronique M. Fóti. Tracing Expression in Merleau-Ponty［M］. Evanston：Northwestern Universit Press，2013：119.
③ Merleau-Ponty. Notes des Cours au Collège de France 1958—1959 et 1960—1961［M］. Paris：Éditions Gallimard，1996：130.
④ Merleau-Ponty. Notes des Cours au Collège de France 1958—1959 et 1960—1961［M］. Paris：Éditions Gallimard，1996：133.

中的褶子。"①

但是，在依靠语言表达时，其中存在着一种表达的悖论，这一悖论介于被言说的语言（le langage parlé）与言说着的语言（le langage parlant）之间。前者是"事后的语言，那种习得的语言，那种在它为其载体的意义面前消失的语言"②，后者是"在表达的时刻自我形成的语言，它将准确地使我从符号滑向意义"③。

这一区分实际是他早期对"被表达的言语"与"能表达的言语"间区分的深化，是从一种更普遍的存在论角度对语言做出的思考。在阅读中，在日常生活中，被言说的语言确保了交流与阅读的可能性，这些已经成形的语言作为一种沉积（sédimentation）潜存在个体身上，使得个体间理解彼此成为可能。因此，梅洛-庞蒂说道："我们在别人的言语寻找到的从来都不过是我们自己置于其中的东西。"④ 可以说，这种语言就像我们所存在的世界一样，是作为意义基底而发生作用的，它对所有人都是有效的。而言说着的语言则能够产生新的意义，这是由个体的创造性表达所完成的。梅洛-庞蒂以司汤达的作品为例，他指出，司汤达在写作时对词语进行了一种秘密的扭曲，当读者阅读其文本时，语言的偏离会把读者带到一种全新的思想境地，最终分泌出新的含义。这类语言在文学中体现得尤为明显，他在普鲁斯特的小说，以及马拉美、兰波等诗人的作品中均看到了这种语言。言说着的语言不局限于产生新

---

① Merleau-Ponty. Le Monde Sensible et le Monde de L'expression［M］. Genève：Mētis Presse，2011：205.
② ［法］梅洛-庞蒂. 眼与心·世界的散文［M］. 杨大春，译. 北京：商务印书馆，2019：116.
③ ［法］梅洛-庞蒂. 眼与心·世界的散文［M］. 杨大春，译. 北京：商务印书馆，2019：117.
④ ［法］梅洛-庞蒂. 眼与心·世界的散文［M］. 杨大春，译. 北京：商务印书馆，2019：113.

的语言，而是意味着作者的不同风格，意味着作者产生了新的表达存在的方式，意味着作者找到了一种从未出现过的、观看存在之面貌的新视域。这两种语言之间的悖论在于：一方面主体要使用被言说的语言，以确保自身言说的可理解性；另一方面，要通过对语言的扭曲，使用言说着的语言去产生新的意义，去结晶不同的存在样态。在梅洛-庞蒂看来，这就需要一种创造性的表达，即既不满足全盘继承，也不限于彻底反叛，而是能够对已沉积的语言进行创造，不断地"重新开始这种过去"①。正如本雅明将语言看作"一个有可能使过去与现在相互接近的场所"② 一样，作者在此也是通过对已有语言的改造来创造新的语言。需要注意的是，梅洛-庞蒂以上对语言的讨论并不局限在个体与语言的关系上，而是暗含了一种主体间存在模式。

学者雷纳德·劳勒指出，"在人、世界、语言之间存在着一种交织，这是梅洛-庞蒂后期哲学的指导思想"③。从早期探讨主体何以理解他人的思想开始，梅洛-庞蒂的语言观就包含了一种主体间存在模式。对于他而言，主体总是在世存在的，这意味着"当说到一个存在者或存在物，它就其本性而言，总已经在'世界'之中，总已经和'世界'有着各种各样的因缘关联，否则它不可能作为这个或那个存在物出现或在场"④。当主体进行言说时，他已然敞开了自身的意义场域，并邀请他人投入符号的运动之中，参与自身的意指过程中。到了后期，当梅洛-庞蒂结合肉身的运动来阐释不同存在者间的关联时，对于他来说，不仅主

---

① ［法］梅洛-庞蒂. 眼与心·世界的散文［M］. 杨大春，译. 北京：商务印书馆，2019：222.

② ［法］乔治·迪迪-于贝尔曼. 看见与被看［M］. 吴泓缈，译. 长沙：湖南美术出版社，2015：103.

③ Maurice Merleau-Ponty. Edited by Leonard Lawlor&Bettina Berge. Husserl at the Limits of Phenomenology［M］. Evanston：Northwestern University Press，2002：x.

④ 王庆节. 亲临存在与自在起来［M］. 上海：东方出版中心，2020：103—104.

体与他人成为由肉身偶然性运动所形成的事件，语言的运作也与肉身的运动密切相关。这一时期，他以"交错（chiasme）、交织（entrelaces）、蚕蚀（empiétement）、反转形成的可逆性"① 来展示不同存在者间的互为肉身性。

在《可见的与不可见的》中，梅洛-庞蒂指出，"在语言学教我们清楚明白的规则之前，我们已经以一种可理解的方式掌握了我们置身于其中的语言，我们的语言系统及所有的语言系统就建立在这些规则之上"②。即相比后天习得的语言学规则，这种建基于肉身一般性基础之上的不同存在者的交织关系是更为原初的，这是一种不用经过思维加工就已存在的关系，主体一旦存在，他已经与语言、与他人有着一种原初感性关系。"对于梅洛-庞蒂而言，语言不是从上至下的结构，它是由表达的痕迹所构成的巨大、官能的工程，在其中，我们相互保证。"③ 基于共同存在的感性世界以及共同的构成元素，不同存在者之间伴随肉身的运动发生着种种联系，主体、他人、语言作为不同层次的存在者，也在进行着持续的交织。在一条论述语言的边注上，梅洛-庞蒂写道："语言是有充分根据的，但它不是建立在统觉的基础之上，而是建立在镜像自我—别的自我—现象，或者说共鸣现象的基础之上，也就是说，建立在肉身的一般性基础上，使我温暖的东西也使他温暖；建立在同类对同类的神奇作用基础上；建立在肉身化自我与世界的交融的基础

---

① 龚卓军. 身体部署：梅洛庞蒂与现象学之后 [M]. 台北：心灵工坊文化，2006：110.
② [法] 梅洛-庞蒂. 可见的与不可见的 [M]. 罗国祥，译. 北京：商务印书馆，2018：23.
③ Donald A. Landes. Merleau-Ponty and the Paradoxes of Expression [M]. New York：Bloomsbury Academic，2013：135.

上。"① 而梅洛－庞蒂所谓的"言说是他人对我以及我对他人的蚕蚀"②所强调的也是这种彼此蕴含的关系。

四、结语

总之，语言问题始终是梅洛－庞蒂关注的重点之一，只不过随着其思想的变化，他对语言的阐释也一直处于变动之中。在他早期的思想中，语言隶属身体图示，是作为一种表达工具服务知觉的。由于知觉具有先于思维操作的整体性与原初性，语言在此意义上便是表达这种原初经验的工具，主体通过言说的方式，从这种含混的经验领域中产生意义。正是基于此，梅洛－庞蒂批判将语言看作思维附属物的观点。但他在早期并未进一步探究知觉与语言之间的关系，直到接触了索绪尔的相关著作后，他才试图借助结构主义语言学来回答这一问题。但是，正如学者詹姆斯·施密特所观察到的一样，"梅洛－庞蒂试图让索绪尔回答的问题是索绪尔从未问过的"③。梅洛－庞蒂借鉴了索绪尔提出的差异性原则，将语言看作一个由彼此对立的符号构成的差异性系统，但他不关心整体语言的运作，而是将焦点聚集在言说的主体身上，并围绕个体言说与存在的关联进行深入探讨。在他看来，个体言说成为主体表达与存在关联的方式之一，但言说只能围绕着表达意向进行探索，而无法完全与表达意向吻合，就此而言，表达永远是不充分的。在言语之间总是充满了裂缝、间隙，使得意义从中滑落，使得言语不断偏离。"在言语的

---

① ［法］梅洛－庞蒂. 眼与心·世界的散文［M］. 杨大春，译. 北京：商务印书馆，2019：127.

② Maurice Merleau－Ponty. Edited by Leonard Lawlor&Bettina Berge. Husserl at the Limits of Phenomenology［M］. Evanston：Northwestern University Press，2002：55.

③ James Schmidt. Merleau－Ponty：Between Phenomenology and Structuralism［M］. Houndmills：Macmillan Publishers，1985：132.

中心应该存在着某种使它易于产生这些不正常的变异的东西。"① 正是
基于此，语言成为开放的、生成的，它允许新的意义不断产生。到了后
期，当梅洛-庞蒂用肉身本体论来阐释语言时，主体、他人、语言均成
为肉身运动所形成的偶然性事件，相互交织、相互包孕，语言的表达性
成为肉身的表达，是存在自身的言说。可以说，梅洛-庞蒂对语言问题
的探究并非是要建立自己的语言哲学，而是服务其最终的本体论建构，
语言问题只是他的切入点之一，因为语言"包含了语言学、美学、社
会学、政治理论、历史"②。

第二节　诗歌语言与表达

　　从《知觉现象学》中对"能表达的言语"与"被表达的言语"的
区分开始，无论是其自身的哲学描述，还是对他者语言使用的关注，梅
洛-庞蒂从未满足语言的常规性使用，而是寻求语言的创造性使用，并
力图发现与构建一种处于持续诞生状态的语言。如果说，在早期，梅
洛-庞蒂仍使用传统的哲学术语，如身体（le corps）、心灵（l'âme）、
主体（le sujet）等概念来建构其思想体系，尽管他赋予了这些术语以
全新的内涵，并在其思想中使之脱离了它们在笛卡尔二元论框架中的意
义，但是，这些词语在二元论框架中的意义并未消失，而是作为一种已
被接受的、普遍的、规约的意义沉积在其用法中。正如索绪尔提出的能
指与所指间的约定俗成规则一样，在不了解梅洛-庞蒂整个思想体系的

---

① ［法］梅洛-庞蒂. 眼与心·世界的散文［M］. 杨大春，译. 北京：商务印书馆，
　2019：124.
② Donald A. Landes. The Merleau-Ponty Dictionary［M］. London：Bloomsbury Academic，
　2013：230.

基础上，这些术语的所指便会以一种规约的方式，联结到二元论赋予它们的意义上。因此，在后期，梅洛-庞蒂逐渐摈弃了这些传统的术语，而是使用肉身（la chair）、交织（entrelacs）、交错（chiasme）等未在哲学中出现过的词语来进行哲学描述，以此实现语言的创造性使用，并发展出一种与思想同构的真正的言说。在他看来，不仅哲学家需要创造性表达，文学家、艺术家皆是如此，"艺术家或哲学家从不使用被给予的经验语言，他们对它的利用改变了词语，因此形成了创造性或真正的词语"①。事实上，文学与艺术也一直是梅洛-庞蒂关注的重点，同哲学一样，文学与艺术也被他认为是揭示存在多样态的方式，而他对文学家与艺术家语言使用的思考也分散于其论著与课程笔记中。如在 1949 年至 1952 年于索邦大学开设的"儿童心理学与病理学"课程中，他就探讨过法国诗人蓬热的诗歌语言，而在 1953 年至 1954 年开设于法兰西学院的"言说的问题"课程中，他更是集中以普鲁斯特为例来说明文学语言的表达，除此之外，其他作家或诗人的名字如司汤达、克洛德·西蒙、兰波、瓦莱里、马拉美等也零星地出现在其思考中。对于梅洛-庞蒂而言，他们所使用的文学语言是非常规的，在其中，"引起的是它自身，它在自然之上把自己构造成一个嘈杂而狂热的王国，我们把它看作是那些陈述某种东西的标准形式的简单变种，进行表达，这不外乎是用一个宣布、展现或简化某一知觉或者某一观念的约定俗成的信号来代替这一知觉或这一观念"②。也就是说，构成文学语言的符号不再限定于由能指与所指的一对一式约定俗成关系形成的固定意义，而是通过这种规约关系的松动保持了意义的开放性，这使得语言表达不再是僵化的、

① Deborah Cook. Merleau-Ponty on Contemporary Literature [M]. Ottawa: Canada, 1981: 49.
② [法] 梅洛-庞蒂. 眼与心·世界的散文 [M]. 杨大春，译. 北京：商务印书馆，2019：108.

单义的，而是直接与主体对世界的原初感知的丰富性相对应。正是基于此，文学语言才成为一种全新的表达存在的方式。

一、对感性世界的表达

梅洛-庞蒂在《哲学赞词》中曾批判索绪尔的观点，他认为后者"在某种音响材料中假定了对于如此意义的一种自然的亲缘关系"①。这所反对的便是索绪尔提出的能指与所指间的约定俗成性。对于索绪尔而言，尽管他曾提出能指与所指间的关系是任意的，但二者间的约定俗成性才能确保理解与交流的可能。举例来说，"树"这一声音与其概念之间的关系是无理据的，它完全可以用其他声音来替代这一概念，但是当身体听到"树"（l'arbre）这一声音时，之所以会同时在脑海中激起关于"树"的概念，便是社会约定俗成的结果。假设树的概念一开始不用"树"这一声音命名，而是被称为"花"或"草"，那么这就是一种全新的规约关系。在索绪尔看来，当这种规约关系被固定后，就很难改变，而随着时间的推移，这种规约性便作为一种文化沉积被继承下来，似乎能指与所指间具有了一种自然的亲缘关系。尽管这一特性确保了主体间交流的可能，但是这种对意义的固化却是梅洛-庞蒂所竭力反对的，因为这种语言无法产生新的意义，而只是一种被不断重复的陈词滥调。因此，要想生发新的意义，便要打破这种约定俗成的关系。

梅洛-庞蒂指出，"每一文学的或哲学的表达行为都致力于实现这一心愿：收回已经伴随某种语言的出现而被宣告的世界"②。就梅洛-庞蒂自身的哲学实践而言，他便是通过对传统哲学术语的摈弃而力图回到那个原初的、感性的世界，并为表达这个世界而发明了一系列新的术

① ［法］梅洛-庞蒂.哲学赞词［M］.杨大春，译.北京：商务印书馆，2019：100.
② ［法］梅洛-庞蒂.哲学赞词［M］.杨大春，译.北京：商务印书馆，2019：70.

语。在《眼与心》中，他批判科学的思维模式，即通过给定的概念模型来解释世界，这种思维方式奠基于概念的自明性，并把世界的一切变化纳入其所框定的范围内，结果便是科学与现实世界越来越远。梅洛-庞蒂所返回的世界是模糊的、多义的、含混的，它处于持续的变动之中，无论是自然科学，还是笛卡尔式二元论，它们均是利用语言发明一套概念体系来看待世界，这一世界就如一般对象（object en général）一样，被任意地定义与操纵。而想要摆脱这种看待世界的方式，必然要打破这种概念框架，使用新的方式来表达可感的世界。"这一新的语言拒绝固化的概念，寻求一种可传递的、暗示性的表达方式，从而使得我们得以描述事物的边缘和间隙之中的发生。"① 而正是在诗歌中，梅洛-庞蒂看到了这种新的表达方式，因为这种语言"是对可感世界的语言改造，换言之，它首先是将对意义的铭记转化为感知"②。

在其开设于 1958 年至 1959 年的课程中，梅洛-庞蒂引用诗人兰波的话来表达他的观点，"超出符号-意指的关联并不是离开了世界的实证性，相反，是毫无保留地进入到其前逻辑的统一之中，唤醒它们的联系与野性共鸣（ré sonances sauvages）"③。也就是说，世界的意义并不是由语言符号所赋予的，在语言表达世界之前，这一原初世界就是有意义的，这种意义是不定形且模糊暧昧的，符号-意指的关联仅仅是出于个体表达的需要而被建立的，它并不能表达世界的多义性。而超越这种关联，则是要返回到那个被语言所框定之前的原初而野性的世界，进入到与世界的感性联系之中，在其中，各种感受、经验彼此联系，相互回

---

① ［法］艾曼努埃尔·埃洛阿. 感性的抵抗：梅洛-庞蒂对透明性的批判［M］. 曲晓蕊，译. 福州：福建教育出版社，2016：110.

② Lovisa Andén. Literature and the Expression of Being in Merleau－Ponty's Unpublished Course Notes［J］. Journal of the British Societyfor Phenomenology，2018.

③ Merleau－Ponty. Notes des Cours au Collège de France 1958—1959 et 1960—1961［M］. Paris：Éditions Gallimard，1996：47.

应。诗人波德莱尔的《感应》（"Correspondances"）一诗所描写的就是这种野性共鸣。对于诗人来说，超出符号-意指的关联，便是要打破能指与所指的平行关系，从而使得能指不断地溢出所指，形成一个个漂浮的能指（signifiant flottant）。这一术语来自梅洛-庞蒂的好友、法国结构主义人类学家列维·斯特劳斯。后者借鉴了人类学家马塞尔·莫斯对原始部落的考察，莫斯发现土著人在言说中会使用诸如"mana""hau"等介词，但这些词都没有对应的所指。在列维·斯特劳斯看来，这样的词是一种纯粹的形式，它不包含相应的所指，因而是一种"漂浮的能指"。

而对于梅洛-庞蒂而言，"这种漂浮的能指不表述任何东西却开启了一个可能的含义场"①。这意味着诗歌并不是要传递意义，而是力图通过语词打开存在的场域，它不表达任何既有的观念或思想，而只是一种返回原初感性世界的尝试。"至少有一种形式的语言不能被拒绝，因为它并不打算说任何东西，即诗。"② 梅洛-庞蒂以兰波《灵光集》（Il-luminations）中的《蛮子》（"Barbare"）一诗为例，来说明能指对所指的侵越。

就在日子、季节、生命和国度之后，旗帜流淌着血肉在海之绸和北极花朵之上；（花朵并不存在。）

重回古老的英雄号角——它们还在攻击我们的心脏和头颅——远离从前的凶手——

哦！旗帜流淌着血肉在海之绸和北极花朵之上；（花朵并不存在。）

---

① ［法］梅洛-庞蒂. 哲学赞词［M］. 杨大春，译. 北京：商务印书馆，2019：98.
② Galen A. Mazis. Merleau-Ponty and the Face of the World［M］. Albany：State University of New York Press，2016：272.

甜蜜！

炭火，在夹霜的狂风中落下，——甜蜜！——钻石风雨中的火，弃自我们那颗永远烧焦了的尘世的心。——哦，世界！——

（远离我们听闻和感知的古老隐退，古老火焰，）

炭火和水沫。音乐，深渊转向，星球上浮冰相撞。

哦甜蜜，哦世界，哦音乐！而那边，身影、汗水、头发和眼睛，漂浮着。还有白色的泪水，正在沸腾——哦甜蜜！还有抵达火山底层和北极岩洞底部的女音。

旗帜……①

与兰波提及的"野性"（sauvages）一词相似，作为诗歌标题的"barbare"一词也指代着一种未被文明所规训的原始野性。就此可以看出，兰波并非要描述被语言、被文明所规范的理性世界，而是尝试返回那个原初而感性的野性世界。在这首诗歌中，种种看似矛盾的事物并列出现（如"炭火与霜""炭火和水沫""风雨与火"），但这些事物已然脱离了它们在日常生活中的意义，脱离了它们对应的所指，因此，这些在日常生活中无法同步出现的事物，在诗人所描述的"野蛮世界"中得以成对出现。在诗歌中还出现了大量在现实世界中无实存的事物，如海之绸、北极花朵等，这些均是作为无所意指的能指而出现的，是兰波通过对既定语言的拆解与重组而形成的，借此，固有的意指关系被松散，能指恢复到其散乱的无序状态，与其他能指一起构成了一个梅洛-庞蒂意义上"嘈杂而狂热的王国"。正如英国作家乔治·奥威尔所言："把所有书写视为一种字母模糊的、不确定的闪现，在白茫茫的背景上隐约可见，梦幻、幽灵般的字母不断被拆解，不断被重组——一种模仿

———————————
① ［法］阿蒂尔·兰波. 灵光集：兰波诗歌集注［M］. 何家炜，译. 北京：商务印书馆，2020：58—59.

人类记忆真实运作的书写,模糊而飘忽不定,所有尖锐的棱角都被合理化所挫平,被虚构所模糊。"① 于是,在兰波的诗歌中,随着能指的呈现,旗帜的鲜红色、泪水的白色、感受的甜蜜、女人与号角的声音等多重感受彼此交织,各种感官被同时调用,产生了一种和谐的共振。这种语言是兰波所追寻的"普遍语言",即一种"属于灵魂,通往灵魂、芳香、声音、色彩,它概括一切,把思想与思想相连,又引出思想"② 的语言。对梅洛-庞蒂而言,这种语言"使得宇宙为读者而存在,在见证的意义上,它成为一种表达,一种创造意义上的表达,正因如此,它在读者之前重组了其所表现的境遇,它看起来像是自身在言说,因为它不返回到经验生活中"③。它通过松动固有的符号与意指,将能指还原至其任意的状态,通过对能指的重组而展示野性的世界,它"超越再现、分析、套话,也就是超越关于一切知识的一切话语,抵达时常被观念盗走的感性存在即时性"④。

二、对深层本体论联系的表达

在晚期的著作《可见的与不可见的》中,梅洛-庞蒂进一步指出,文学与诗歌的语言是一种物语(langue-chose),"物语让它在其中生成的体验的深层联系绽放了出来"⑤。结合其后期的肉身本体论,由于构

---

① [美]丹尼尔·奥尔布赖特.缪斯之艺:泛美学研究 [M].徐长生,杨贤宗,译.南京:南京大学出版社,2021:41.
② [法]伊夫·博纳富瓦.兰波评传:履风的通灵人与盗火者 [M].杜卿,译.上海:上海社会科学院出版社,2021:277.
③ Maurice Merleau-Ponty. Le Problème de la Parole. Cours au Collège de France Notes, 1953—1954 [M]. Genève: Mē tisPresses, 2020: 149.
④ [法]伊夫·博纳富瓦.声音中的另一种语言 [M].许翡玎,曹丹红,译.南宁:广西人民出版社,2020:xii.
⑤ [法]梅洛-庞蒂.可见的与不可见的 [M].罗国祥,译.北京:商务印书馆,2016:156.

成"我"与世界及其他事物的元素是一样的，而随着肉身的持续运动，"我"得以与其他存在者发生联系。这种联系既不是笛卡尔意义上将"我"作为主体，将他人作为"对象"的理智加工过程，也不是胡塞尔通过耦合来解释"我"得以理解他人存在的可能，而是一种深层的本体论联系，"我"与他人之所以发生联系，是由于构成万事万物的肉身元素自主的运动，这一过程并不受"我"与他人所干涉。梅洛-庞蒂之所以提出物语这一概念，便是要表明在诗歌与文学中，并不是作家自主地掌控语言、选择语言，而是事物自身在对作家进行言说，从而形成一种词语的主动性。因此，"事物告知诗人关于自身有哪些需要被表达，而不是相反"①。

在诗歌中，事物并非处于被动的、被诗人所加工的位置，而是有其生命力与主动性，与诗人进行着对话，而诗歌的完成便是记录这一过程的结果。以梅洛-庞蒂提及的法国诗人蓬热为例，"蓬热希望事物为自身说话，并揭露它们未被人类介入而损害的本质"②。这就要求人类摆脱将事物当作客观对象的操作性思维，将其当作自己的同类进行对话，从而不再如科学一样，依据自身已定的概念框架定义事物，而是返回事物自身，在一种与事物共振的基础上，感受其形状、大小、气味、色彩等。除了事物的这些物理特征外，对于蓬热而言，事物也是一种情结（complexe），它"结晶了自然环境、地质学、生物学以及现象学、心理学、精神分析、传说、神话的所有性质"③。因此，在他的诗歌中，事物具有了主动性，它包含了一切自然或文化的属性，在与人类交流的过

① Galen A. Mazis. Merleau-Ponty and the Face of the World［M］. Albany：State University of New York Press，2016：276.
② Galen Johnson. Merleau-Ponty，Ponge and Valéry on Speaking Things：Phenomenology and Poetry［J］. Philosophy and Poetry，2018.
③ Galen Johnson. Merleau-Ponty，Ponge and Valéry on Speaking Things：Phenomenology and Poetry［J］. Philosophy and Poetry，2018.

程中，它也包含了人类的感受。梅洛-庞蒂对此评论道："每一客体皆是存在的模式之一，它与我们的生活有着密切的关系，这些情结提供了我们意识的基础，并以梦的形式显露，这些梦涉及蔬菜或矿物，而这象征着它们丰富的现实。"① 以蓬热的散文《卵石》（节选）为例，他在文本中描述了卵石的几种形态：

> 卵石不容易定义。
>
> 如果满足于简单的描写，我们可以首先说卵石是介于岩石和砾石之间的石的一种形态或状态。
>
> 但是这句话已经暗含了石这个有待证实的概念。我将就这一问题追溯到甚至比洪荒还要久远的年代，希望人们不要见怪。
>
> 最大的碎块是板岩块，尽管交错纷杂的赘生物因为宗教和别的缘故紧贴岩石顶礼膜拜几乎使其隐而不见，这些岩石却构成了地球的骨架。
>
> 不远处，大海偎依在巨人观众岩质的膝头，滚滚的浪花是绝人的女人被推倒后的挣扎，大海不断地带走石块……
>
> 然而起风了，飞扬起沙石，假如其中的一粒，即这个吸引我们的物体的最后和最小的形态，确确实实进入我们的眼睛，石就这样以它特有的令人目眩的方式惩罚了我们并结束了我们的观察。
>
> 卵石记得，它的诞生是通过水这不定型的怪兽作用于石这同样不定型的怪兽而完成的。②

在蓬热的描写中，卵石体现了其所结晶的一切属性。一开始，蓬热

---

① Merleau-Ponty. Child Psychology and Pedagogy: The Sorbone Lectures 1949—1952 [M]. Evanston: Northwestern University Press, 2010: 172.

② [法] 弗朗西斯·蓬热. 采取事物的立场 [M]. 徐爽，译. 上海：上海人民出版社，2009: 84—93.

就首先表明了他对卵石的描述将摆脱既有的概念，而是追溯其原初的存在。而在卵石的原初形态中，它可以与一切事物产生关联。它可以是巨岩的分裂而形成的一部分，也可能由陨星降落而产生；它的粗糙可以由风化的侵蚀所致，其光滑的表面亦可为水流的打磨而成；它可以小到被风沙扬起，也可以巍峨如大海的依靠；玫瑰可以在它身上生长，而动植物的生命也曾在它身旁消亡。它见证了时间的流逝与历史的演进，甚至目睹了人类的进化。于是，卵石不再是被人类所定义的物质，而是作为一种复合体，结晶了相关的性质并将人类与它的关联囊入自身之中。梅洛-庞蒂评论道："蓬热根据事物加之于他的印象来观察事物，而不把事物看作外在于自身的存在。他所分析的卵石是儿童的卵石，卵石中的象征是一系列行为，以及特定的人与卵石的关联。"① 因此，蓬热所使用的语言就是梅洛-庞蒂所谓的物语，这种语言将深层的本体论联系反映了出来，它展示了由肉身构成的卵石与同样由肉身构成的人类之间的相互交织关系，"在事物中有一种我的运动的蔓延"②，这种关系不是固定的、确立的，而是处于持续的生成与运动之中。由此，诗歌语言并非如日常语言一样，意指关系一旦被锚定，就很难改变，相反，由于作为本体构成元素的肉身是不断运动的，因此体现这种肉身运动的诗歌语言自身也是动态的，正如巴什拉所言："语言空间是由生命经历的语词所具有的单纯冲动穿越并编织而成的。概念语言的原子论要求固定的原因，聚集的力量。然而诗句总是运动的，形象在诗句的行列中流动，它激发想象力，仿佛想象力创造出一根神经纤维。"③ 于是，在蓬热的诗

---

① Merleau-Ponty. Child Psychology and Pedagogy：The Sorbone Lectures 1949—1952 ［M］. Evanston：Northwestern University Press，2010：421.

② Maurice Merleau-Ponty. Le Problème de la Parole. Cours au Collège de France Notes，1953—1954 ［M］. Genève：Mē tisPresses，2020：139.

③ ［法］加斯东·巴什拉. 空间的诗学 ［M］. 张逸婧，译. 上海：上海译文出版社，2013：17.

歌中，伴随着句子的运动，诗歌形象不断涌现，行星、太阳、地球、骨架、神殿、森林、玫瑰、浪花、英雄、祖先……这些形象都是肉身运动所形成的短暂状态，"诗歌形象是语言中的实现，它永远略高于能指的语言"①。这意味着这些形象的出现是偶然的、不可预知的，它们的出现是一种事件的降临，是存在的诸多可能性中的一种。所以，当蓬热书写诗歌时，并不是他作为诗人、作为文本的生产者在进行言说，在进行一种有意识的意义书写，而是他在记录着事物对他的言说，记录着他感知事物与自身发生联系的方式，正如梅洛-庞蒂所言："事物召唤着言说，事物的内部就是言说。"② 而诗人的职责便是让这一言说显现。

因此，诗歌不是对世界的再现，它的语言是"一种'超越'和'更进一步'"③，它超越日常语言与既有的意指关系，而寻求一种新的表达方式，以显现事物与诗人的原初本体联系，而"更进一步"意味着诗歌语言不是封闭的、僵死的，它并不把意义局限于其封闭的文本结构内，而是将自身作为对感性世界的显现方式，以敞开存在的场域，通达意义的多样性。"诗歌语言是一种表达性的语言，它能在词与事物间创造新的、看不到的联系，这是通过不隐藏它们暂时的、开放的、相关的、区分的地位而实现的，意义的多义性只能被人为地移除。"④ 这就意味着诗歌语言不同于算法的精确与单义，它是混沌的，在梅洛-庞蒂看来，"在单义之外，总是有一种意义的光晕，它在语词新的和未曾料

---

① [法] 加斯东·巴什拉. 空间的诗学 [M]. 张逸婧，译. 上海：上海译文出版社，2013：15.

② Maurice Merleau-Ponty. Le Problème de la Parole. Cours au Collège de France Notes, 1953—1954 [M]. Genève：Mē tisPresses，2020：138.

③ Galen Johnson. Merleau-Ponty，Ponge and Valéry on Speaking Things：Phenomenology and Poetry [J]. Philosophy and Poetry，2018.

④ Roberta Dreon. Merleau - Ponty from Perception to Language：New Elements of Interpretation [J]. Lebenswele，2016（9）.

到的使用中呈现出来"①，诗歌语言便是在意义的光晕中探索表达的新的可能性。由于它所表达的深层本体论联系就是混沌的，正如朗西埃所言："诗歌的存在要依靠一种双重的混沌：语言的混沌，也就是拒绝被意义穿越，同时有看不清自身的精神的混沌，也就是与自身的距离，这种距离迫使精神去一种形象的物质性中寻找自身。"② 正因如此，诗歌中的事物才成为情结，梅洛-庞蒂才说物语是文学与诗的语言。

三、意义多样性的表达

诗人瓦莱里曾指出，"诗歌中的一切，都建立在三种伟大力量的协作上：我们所谓的外部世界、我们的身体以及我们的意识"③。而对于梅洛-庞蒂来说，由于他反对心身二元论而提出心身一元论，因此，诗歌的完成所表达的便是诗人与世界的关系，或者说，是诗人与存在的关系，这种个人与存在间关联的差异就被梅洛-庞蒂看作风格的差异。在对普鲁斯特的文学语言进行分析时，他就指出，普鲁斯特"发明了一种从未出现过的看待世界的方式"④，因此，同绘画一样，文学语言也是表达在世存在的人与存在间关系的方式，"风格对于作家来说，就如颜色对于绘画来说一样，它不关乎技术的问题，而关乎视觉的问题。它是一种关于性质差异的显露，这一差异存在于我们显现世界的方式中，

---

① ［法］梅洛-庞蒂. 可见的与不可见的［M］. 罗国祥，译. 北京：商务印书馆，2016：121.

② ［法］雅克·朗西埃. 马拉美：塞壬的政治［M］. 曹丹红，译. 开封：河南大学出版社，2017：116.

③ Galen A. Johnson. The Voice of Merleau-Ponty：The Philosopher and the Poet［J］. Journal of the British Society for Phenomenology，2008，39：1.

④ Maurice Merleau-Ponty. Le Problème de la Parole. Cours au Collège de France Notes，1953—1954［M］. Genève：Mē tisPresses，2020：29.

但通过直接与有意识的手段它是无法实现的"①。这意味着作家对于风格是不自知的,风格不是作家有意加工而产生的结果,而是由他与世界发生联系时所占据的特定视域所决定的,不同的视域决定了彼此相异的风格,从而导致了不同作家与存在相联系的不同方式。早在《知觉现象学》中,梅洛-庞蒂就指出,人与世界发生联系的方式是多种多样的,身体姿势、语言、绘画、雕塑等均是其中之一。但与身体表达的直接性相比,"语言在其文学使用中是隐约显出的,同时它具有反逻辑的本质"②。这就使得文学语言脱离了日常语言的逻辑性,而形成了一种类似隐喻的运作,它"依据着非一致性的原则进行运作,意在使沉默言说,言说未被说出之物,探索在明显的、熟悉的言说之下的、超出日常使用的语言"③。诗歌语言中的词语不再是单义的,而是将多重意义叠加在自身之上,以此使得意义的开放性成为可能,使得新的意义被不断自动生成。"诗的艺术不在于以说教的方式去描写事物和陈述观念,而在于创造一种语言机器(machine de langage)。"④ 这是一种德勒兹意义上的机器,诗歌一旦被书写出来,它便如机器一样自动运转,并在此过程中不断生产出无限且无法被提前预知的意义,它永远不会穷尽意义,而只会使得意义持续增殖,使得意义过剩并不断溢出语言,"诗歌不会因曾经存在而死去,它被明确地设计为从其灰烬中再生,且无穷地

---

① Maurice Merleau-Ponty. Le Problème de la Parole. Cours au Collège de France Notes,
1953—1954 [M]. Genève: Mē tisPresses, 2020: 175.

② Maurice Merleau-Ponty. Le Problème de la Parole. Cours au Collège de France Notes,
1953—1954 [M]. Genève: Mē tisPresses, 2020: 162.

③ Jessica Wiskus. The Rhythm of Thought: Art, Literature and Music after Merleau-Ponty
[M]. Chicago: The University of Chicago Press, 2013: 7.

④ [法] 梅洛-庞蒂. 电影与新心理学 [M]. 方尔平,译. 北京: 商务印书馆,2019:
23.

变为它曾是的样子"①。以马拉美的诗歌《致读者》（"Salut"）为例：

致读者②

这些如浪花轻翻的处女作无足轻重，

仅供船舷剪裁杯边漫吟，

怅遥遥岁月沉醉多少天才歌手，

是非功过全在她们浅笑轻颦。

形形色色的朋友啊，我们是同舟共济的人群，

你们在船头，我在船尾紧跟，

你们劈涛斩浪、迎击严冬，

我用诗句酿造征途的甘醇；

怡然的陶醉占据了我的心灵，

哪管他浪打风吹的颠簸劳顿，

仅将这崇高的敬意献给你们，

使孤独、吟诵、星辰

都成为多少有味的事情，

并值得我们的征帆送一瓣洁白的吻。

朗西埃在分析这首诗时特别指出，最后一句中的"征帆"是一个隐喻，因为它"同时凝聚了书写的纸张、油画的表面和航海的风帆这

---

① Galen A. Johnson. The Voice of Merleau-Ponty : The Philosopher and the Poet ［J］. Journal of the British Society for Phenomenology，2008，39：1.

② ［法］马拉美. 马拉美诗全集 ［M］. 葛雷，梁栋，译. 杭州：浙江文艺出版社，1997：3.

几个形象"①。结合诗歌的上下文语境来看,这首诗首先可以被理解为马拉美对船只上所见所闻所感的描述,根据浪花、船头、船尾等形象,最后出现的帆自然可被看作航海的风帆。但在开篇,马拉美将浪花比作处女作,又隐射着他在从事诗歌写作这一行动,因此接着出现的系列形象也可看作构成诗歌这一文本的要素,于是在诗歌书写完成之际,作为书写纸张的帆出现了。马拉美之所以将浪花比作处女作,是基于他对诗歌语言的沉思。"指示知觉事物的语言,根据已建立的联系直接返回知觉,符号就是指示。这是一种自然的语言,马拉美将它看作一种原初语言的结果与沉积。原初语言没有预先的模式,它靠自身而意指。"② 而马拉美的诗歌语言便是这种依靠自身而意指的原初语言,也正因如此,这些符号蕴含了多种意义的可能性,这是类似婴儿牙牙学语般的自发性多态语,词语由此形成了一个具有主动性的巨大语言机器,意义不断涌出、不断叠加,最终形成动态的拓扑意义空间。对于马拉美而言,"诗歌是回归根本节奏的人类语言对存在诸显像的神秘意义的表达"③。这些意义之所以成为可能,是由于存在自身的多样性,它以不同的方式显现,意义便能以不同的方式生成。蓬热曾提出诗歌语言具备一种语义厚度,它是"穿越未定意义基质的运动,就像矢量或轨道一样从事物中流出并穿过语言"④。这也是对意义生成运动的强调。

瓦莱里曾指出,诗人应该创造一种语言,"这种非凡的话语以支撑

① [法]雅克·朗西埃. 马拉美:塞壬的政治 [M]. 曹丹红,译. 开封:河南大学出版社,2017:23.
② Merleau-Ponty. Notes des Cours au Collège de France 1958—1959 et 1960—1961 [M]. Paris:Éditions Gallimard, 1996:46-47.
③ [法]雅克·朗西埃. 马拉美:塞壬的政治 [M]. 曹丹红,译. 开封:河南大学出版社,2017:30—31
④ Galen A. Mazis. Merleau-Ponty and the Face of the World [M]. Albany:State University of New York Press, 2016:56.

它的节奏与和谐为特征，节奏、和谐应当与话语的形成十分紧密甚至神秘地联系起来，使得声音与意义再也不能分离，并且在记忆中无限地相互应和"①。诗歌语言与其他语言的一个重要区别就在于其节奏性，当诗人在写作中诉诸原初语言时，由于这种语言的自主性，它不以服务既定意义为目的，而是自身作为能指并直接"以一种声音的方式走向读者"②。于是，诗歌中的节奏就不再只是装饰，正如绘画中的颜色不是装饰一样，节奏成为词语自身"物性"的体现，这样的词语有其自身的生命力与动力，它直接地通向读者的感知，将读者带到一个"万物生灵、激情、思想、声音和意义都同出一源的世界"③。这就是梅洛-庞蒂所力图回返的原初世界，在其中蕴含着意义的无限可能。对于梅洛-庞蒂而言，语言是言说主体围绕意指意向在进行探索的过程，而"当语言可以足够准确地被用来凝结一种意指意向并使之在他人那里再生时，我们后来就说它表达了一个思想领域，它给予思想领域在世界中以实存，它仅仅从那些内在显现的及物特征中夺走少量的可更新的活动和有独立性的实存"④。这是日常语言的运作方式，它用固定的句法及意指关系去表达感性而多义的世界，这实则是一个排除意义多样性的过程。而诗歌语言正好相反，它力图通过语言的偶然性而实现一种回返。在诗歌语言中，是语言依据自己的内在动力进行言说，在其中，词语进行着一种自由的运动，每首诗歌的完成均是偶然的，它所展现的不过是

---

① ［法］保罗·瓦莱里．文艺杂谈［M］．段映红，译．北京：生活·读书·新知三联书店，2017：210．
② ［法］伊夫·博纳富瓦．声音中的另一种语言［M］．许翡玎，曹丹红，译．南宁：广西人民出版社，2020：19．
③ ［法］保罗·瓦莱里．文艺杂谈［M］．段映红，译．北京：生活·读书·新知三联书店，2017：343．
④ ［法］梅洛-庞蒂．眼与心·世界的散文［M］．杨大春，译．北京：商务印书馆，2019：140—141．

"一个一直沉默却总是变幻的世界"① 的一个侧面。通过这种展示，它指向了世界更多侧面的可能性以及意义的多样性。

四、结语

海德格尔在其语言之思中指出，"任何表达，无论是言谈还是文字，都已经打破了寂静"②。对于梅洛-庞蒂来说亦是如此，在他看来，主体同世界的原初关联是感性的、模糊的，它总是已经在那里，主体与世界以一种沉默的方式彼此关联，而当主体借助语言进行言说时，他便打破了这一沉默，由于语言是由一套固定的语法规则所建构的，其结果便是，当主体一旦开始言说，他与世界的原初感性联系便被转化为逻辑的理性联系，因此原有的多义性在言说的过程中被排除，这实则是将主体与世界的联系简化的过程，这也就是梅洛-庞蒂所谓的日常语言的运作方式。但这并不意味着沉默是与语言表达完全对立的，学者盖伦·A.玛兹指出，"沉默可以被带入表达之中，这是梅洛-庞蒂哲学的目标，但这需要一种特定的感性和对语言的交替使用，这种语言既不是哲学的标准，也不是日渐受技术驱动的西方文化的标准"③。对于梅洛-庞蒂而言，这种语言便是文学语言，尤其诗歌语言，因为它穿越了既定的意指领域，而走向"一个更深层、更接近真相的表达领域"④。

梅洛-庞蒂曾零散地讨论瓦莱里、马拉美、兰波、蓬热等诗人的作

---

① ［法］安托瓦纳·贝尔曼.异域的考验：德国浪漫主义时期的文化与翻译［M］.章文，译.北京：生活·读书·新知三联书店，2021：139.

② ［德］海德格尔.在通向语言的途中［M］.孙周兴，译.北京：商务印书馆，2020：25.

③ Galen A. Mazis. Merleau-Ponty and the Face of the World ［M］. Albany：State University of New York Press，2016：15.

④ Galen A. Mazis. Merleau-Ponty and the Face of the World ［M］. Albany：State University of New York Press，2016：276.

品，在他看来，诗歌语言是诗人在打破已有的符号-意指关联的基础上形成的，在诗歌中出现的能指没有固定的所指，而是与其他能指一起相互应和，发生着作用。"诗的一切计划、一切工作，都是为了将词从话语的连贯性中解脱出来，以便词语能够帮助我们接触到真实存在的事物本身，而不仅仅停留于由我们的各种知识所产生的所指上。"① 这些能指不表述思想，不服务意义，而是打开了蕴含着意义多样性的场域，如此以回返与世界的原初感性联系。于是，在兰波的诗歌中，各种在日常生活中矛盾的能指并列出现，句子也不符合通常的句法规则，而正是"在显像被突然剥夺了寻常意义而产生的神秘之中，在已变得无用的实用之物的陌生化之中，可能性本身的缺失竟然暴露出一种全然不同的崭新可能，一种人与存在者之间的全新关系"②。于是，无论是出现在兰波抑或蓬热诗歌中的物体，它们均不再是日常生活中处于被观察、被加工地位的客观对象，而是与人一样，是具有主动性的存在者。这些物具有多重性质，无法被单一的属性所规定。梅洛-庞蒂曾指出，"风、空气、太阳——是范畴中、维度中、时间结构中、空间中、生活中的事物"③。这些事物与人一样，都是由肉身这一元素所形成，并伴随肉身的运动不断出离自身又回返自身，每时每刻都在与其他存在者发生着不同的联系。借此，蓬热诗歌中的卵石才得以与一系列相关事物联系起来。诗歌中对物的描写表达的便是这种深层的本体论联系，诗人与物不再是主客式关系，而是不同层次存在者之间的永恒对话关系，诗歌记录的便是在肉身的运动中一个个转瞬即逝的场景，就此而言，诗歌的形成

---

① [法]伊夫·博纳富瓦. 声音中的另一种语言 [M]. 许翡玎，曹丹红，译. 南宁：广西人民出版社，2020：167.

② [法]伊夫·博纳富瓦. 兰波评传：履风的通灵人与盗火者 [M]. 杜卿，译. 上海：上海社会科学院出版社，2021：7.

③ Maurice Merleau-Ponty. Le Problème de la Parole. Cours au Collège de France Notes，1953—1954 [M]. Genève：Mē tis Presses，2020：164.

是偶然的。在"儿童心理学与病理学"的课程中，梅洛-庞蒂指出，"现象学不是关于永恒真理的科学，它是关于全部瞬时性的科学，它探索瞬时性的本质，却不尝试克服瞬时性"①。由于诗歌亦是对这种瞬时性的表达，因此在梅洛-庞蒂关于语言的思考中，诗歌语言成为他的重要关注点。

第三节 小说中的语言表达
——以克洛德·西蒙《弗兰德公路》为例

1945 年，梅洛-庞蒂在《南方手册》上发表针对 西蒙娜·德·波伏娃的小说《女宾》所写就的书评《小说与形而上学》，此文后被收录于 1948 年出版的文集《意义与无意义》中。在这篇随笔中，梅洛-庞蒂从主体与他人的交织关系出发对文本做出了分析，并借助对道德、自由等范畴的探讨，指出主体与他人共同在世存在的事实。这也是梅洛-庞蒂唯一出版的、完善的以小说为研究对象的文本。但他对文学的关注却并未止步于此，事实上，在他开设于法兰西学院的课程以及其他论著中，他也零散地讨论普鲁斯特、司汤达、乔伊斯等作家的作品，在他去世之前的一段时间（1960 年 10 月—1961 年 3 月），他更是对法国新小说派作家克洛德·西蒙（Claude Simon）的写作进行了探讨，这一探讨聚焦获 1960 年法国《快报》图书奖的小说《弗兰德公路》（"La Route des Flandres"），其成果便是于 1961 年至 1962 年发表于《沉思》杂志上的《关于克洛德·西蒙的五条评注》（"Cinq Notes sur Claude Si-

---

① Merleau-Ponty. Child Psychology and Pedagogy：The Sorbone Lectures 1949—1952［M］. Evanston：Northwestern University Press，2010：319.

mon"）。相比早期系统而完善的《小说与形而上学》，这一文本仅仅是梅洛-庞蒂针对西蒙小说所做的零散笔记，目前为止，它尚未引起足够的重视，但正是这些碎片式思考指示出了梅洛-庞蒂后期的思想痕迹。如果说，他对波伏娃小说的分析是基于早期的存在论思想，那么正是在西蒙的写作中，梅洛-庞蒂后期的肉身本体论思想得到了表达。因此，以其对西蒙的零散思考为线索，既可以为了解梅洛-庞蒂后期的本体论思想提供一条文学切入路径，也可以对西蒙的这一小说做一种全新的解读。

一、《弗兰德公路》及其创作构思

《弗兰德公路》是克洛德·西蒙于 1960 年出版的长篇小说，它以西蒙自身参加"二战"的经历为依托，展现了在战争背景下骑兵佐治、骑兵队长德·雷谢克及其遗孀依格莱兹亚的不同境遇以及人物间错综复杂的关系。它之所以因艰涩难懂而落选当年的龚古尔文学奖，是由于西蒙并未遵循传统的叙事技巧，而是力图通过佐治零散的回忆描绘事件的同时性。这一构思方式与西蒙自身的一次经历相关，1958 年，当西蒙坐在行驶于公路上的小汽车上时，窗外飞速掠过的风景使得西蒙脑海中浮现出了 1940 年法军溃败时的情景，这些场景是同时涌现出来的，而在一年后，西蒙才想出了描写同时性场景的办法，即用彩色铅笔来写作。"我写下每一页内容的简短梗概，每次一行字，再在反面配上相应的颜色，然后，我用图钉将它们全部撤在工作室的墙壁上，接着便琢磨要不要在这里配一点蓝色、那里配一点绿色、别的地方配一点红色，以便取得平衡。"[1] 因此，《弗兰德公路》中出现了大量的颜色描写，伴随着不同的场景，这些颜色彼此交织渗透，形成了绘画般的效果。除此之

---

[1]　杨令飞. 法国新小说发生学［M］. 北京：人民文学出版社，2012：308.

外，在语言的使用上，西蒙也选择了大量的长句、插入句、不完整的断句，在他看来，记忆本就是凌乱、模糊、断裂的，它不会因表达的逻辑需要而被分割、终止或延续，可以说，西蒙"以斑斓浓重的色彩，巴洛克体千变万化、重复回旋的笔法"[①]向读者敞开了一个时空倒转、万花筒般绚烂的文本空间。正是基于以上特点，导致了读者在阅读中的重重困难。

西蒙对文学的构思是与当时其他新小说派成员的观点密切相关的。西蒙反对传统小说对现实的再现及对某个特定主题的强调，在他看来，现代小说应该同现代绘画一样，重要的不是其所表现的主题，而是这一主题被表现的方式。他指出，"小说真正的主体不是它讲述的故事，而是故事被讲述的方式，由作者所创造的确定的词或词群的联系"[②]。而词或词群间的联系便是作者根据联想的原则来进行建构的，这意味着在写作中，作者可以打破时间的线性顺序与空间的特定性，以使得"现实、梦境、回忆、想象、幻觉、潜意识均交织出现"[③]。于是，在《弗兰德公路》中，军队中行进的战马与赛马场上的马联系了起来，马的毛色与女人衣裙的颜色产生了关联，狩猎的场景与战争的情形相互穿插……在谈及《弗兰德公路》这一文本构成时，西蒙指出，它的构成遵循两项计划，"第一项计划是对称，简单地说，其结构是这样发展的：小说的开头是雷谢克骑着马走在路上，而死亡在此等待着他；小说的结尾也是雷谢克骑着马，死亡在等待着他。第二项计划就如梅花王牌，其三片叶子可以在不将笔从纸上抬起的情况下，将笔穿过同一固定

---

① ［法］克洛德・西蒙．弗兰德公路［M］．林秀清，译．上海：上海译文出版社，2015：252—253.

② Claud Duverlie, Claude Simon and J. Rodgers. Claude Simon：The Crossing of the Image. Diacritics. 1977, Vol. 7, No. 4.

③ ［法］克洛德・西蒙．弗兰德公路［M］．林秀清，译．上海：上海译文出版社，2015：245.

点三次而绘制，从地形上来说，这个固定点就是死去的马"①。于是，死马的形象贯穿了小说的三个部分，佐治第一次见到死马时，将其看作"只是一堆四肢、蹄、皮、粘住了毛的模糊东西"②；第二次见到死马时，"这匹马仅剩下一层脆而薄的干泥壳"③；而最后一次，"这匹马依然躺在早上原来的地方，但似乎变得扁平"④。因此，西蒙的这一文本并非是杂乱无章、完全无序的，相反，它是一种本雅明意义上的星丛式（Constellation）写作，所有的文本要素均在场，这些要素就如群星之如星丛，以佐治的回忆为线索进行串联，围绕死马这一要素进行建构。但它们的排列和分布却是偶然的，这种偶然的排列勾勒出了碎片化式的人物、事件、场景，它们不是逐一出场的，而是像摄影一样，每一瞬间都包含了众多共时性存在。于是，在文本中，所有的要素均被置入一个动态的拓扑空间之中，也正因其分布形态具有偶然性，所以依据不同的阅读方式，彼此相异的文本关系得以形成。作者也不再位于文本意义生产的中心，不再如现实主义小说家一样，可以提前安排人物与情节，预先设计文本的结构与走向，而是仅仅"书写在他书写时刻所发生的事"⑤。正如另一位新小说派作家罗伯-格里耶所说的那样："二十世纪是不稳定的、浮动多变、难以捉摸的时代，它有许多含义难以掌握，要描写这一现实，不能再用巴尔扎克时代的小说创作方法，而要从各种角度，用

---

① Claud Duverlie, Claude Simon, J. Rodgers and I. Rodgers. Interview with Claude Simon [J]. Substance, 1973—1974, 4 (8).

② [法] 克洛德·西蒙. 弗兰德公路 [M]. 林秀清，译. 上海：上海译文出版社，2015：17.

③ [法] 克洛德·西蒙. 弗兰德公路 [M]. 林秀清，译. 上海：上海译文出版社，2015：78.

④ [法] 克洛德·西蒙. 弗兰德公路 [M]. 林秀清，译. 上海：上海译文出版社，2015：182.

⑤ Claud Duverlie, Claude Simon, J. Rodgers and I. Rodgers. Interview with Claude Simon [J]. Substance, 1973—1974, 4 (8).

辩证的方法去写，把当今那种飘动多变、捉摸不定的境况表现出来。"①
而正是对运动中、变化中世界的描写，使得西蒙的小说具有了现象学的意涵，正因如此，梅洛-庞蒂在写给西蒙的信件中表示："我在你的书中发现了大量适配于我自身作品的意义的事物。"②

二、视觉经验的语言呈现

在《关于克洛德·西蒙的五条评注》中，梅洛-庞蒂首先谈到的就是视觉。这不仅是由于《弗兰德公路》中有大量的视觉经验描写，更因为他后期力图构建一种关于可见的本体论，这可以从《眼与心》中对画家视觉的研究及其遗作《可见的与不可见的》中反映出来。梅洛-庞蒂反对笛卡尔对视觉的看法，在后者看来，就如盲人通过手杖来判断道路状况一样，视觉是一种机械的反射活动，它最终需要理智的加工与判断，才能形成主体对世界的感知。而对于梅洛-庞蒂而言，笛卡尔式的视觉所形成的是一些单目视像（images monoculaires），它预设了一只固定不变的眼睛作为观看点，而忽视了双眼协同运转的事实。他指出，"多个单目视像是一些幻觉，而用双眼看到的事物是真实，多个单目视像是前事物，而用双眼看到的事物才是事物"③。事实上，这一视觉已不局限于眼睛的观看作用，毋宁说它是一种身体性视觉，当主体具身地在世存在并依靠身体与世界打交道时，"存在的东西是某种我们不能比

---

① ［法］克洛德·西蒙. 弗兰德公路［M］. 林秀清，译. 上海：上海译文出版社，2015：244.
② Merleau-Ponty. Parcours Deux 1951—1961［M］. Lagrasse：Éditions Verdier, 2000：315.
③ ［法］梅洛-庞蒂. 可见的与不可见的［M］. 罗国祥，译. 北京：商务印书馆，2016：17.

用目光触诊更能接近它的东西"①。这一观点与胡塞尔在《观念 II》中赋予触觉的优先性地位明显不同。在胡塞尔看来，当主体的左手触碰右手时，会立即感受到自身既在触摸，又在被触摸，于是触摸—被触摸之间的可逆性得以形成。而对于视觉来说，主体永远无法形成这样的可逆性。即便主体站在镜子前面，观察自己正在观看的眼睛，而镜中的眼睛也不过是主体的视像之一。梅洛-庞蒂在后期也探讨触觉的可逆性问题，但他并未像胡塞尔一样，赋予触觉优先性地位，而是基于肉身这一概念，将视觉与触觉看作可逆的。"我们的肉体覆盖甚至包裹了所有可见与可触之物，而我们的肉身又是被这些可见和可触之物包围着，世界与我互在对方之中，知觉时被知觉，没有在先性，而是有同时性或后时性。"② 在他看来，主体与世界的构成都是基于肉身这一元素的运动，但这种运动又是无规律、不可提前预知的，因此任何主体、任何事物的形成都带有一种偶然性。肉身的这种共有（indivision）特征使得每一存在者中都蕴含了其他存在者的一部分，不再有传统的主体—对象之分，任何存在者都是肉身运动所形成的偶然事件，就像"我"的身体拥有的自反性一样，任何存在者都是既可以观看、可以触摸，也可以被观看、被触摸，于是，视觉与触觉形成了交织，"在可触的中有可见的重复和交叉，在可见的中则有可触的重复和交叉"③。于是，对于梅洛-庞蒂来说，"可感世界是可见的和可延续的"④，"我"既可以用眼睛观看

---

① ［法］梅洛-庞蒂 . 可见的与不可见的 ［M］. 罗国祥，译 . 北京：商务印书馆，2016：17.

② ［法］梅洛-庞蒂 . 可见的与不可见的 ［M］. 罗国祥，译 . 北京：商务印书馆，2016：153.

③ ［法］梅洛-庞蒂 . 可见的与不可见的 ［M］. 罗国祥，译 . 北京：商务印书馆，2016：166.

④ ［法］梅洛-庞蒂 . 可见的与不可见的 ［M］. 罗国祥，译：北京：商务印书馆，2016：23.

世界，世界也可以从"我"的身体出发被延伸。

正是基于这一点，《弗兰德公路》中的视觉描写成为他的关注点。梅洛-庞蒂指出，"看就是允许不去思考事物，因为它已经被看到了。所有视觉，不论是什么颜色，都是思想—屏幕，它顾及其他思想的丰富性——先有（Vorhabe）与沉积（Sédimentation）"①。这反映了他在反对笛卡尔视觉观的基础上，进一步强调视觉与思想的一体性。主体不是在看到某一事物后，再用理智对其看到的景象进行思考，观看与思考是同步进行的，但这种观看—思考不是孤立的，而是与其他已经存在的思想相互关联。在《弗兰德公路》中，当佐治看到科里娜站在他面前时，他便自然而然开始了联想：

> 她使人想起（不是想起，像狗听见那要命的铃声启动它的反射时，不是思想活动，不是想，而是有点像分泌唾液）像麦芽糖似的东西（糖浆，还有巴旦杏仁糖水，这些字眼也适合用在她身上，用在这个地方），想起一种化学酸性红色玻璃纸包的糖果（这种纸揉皱时清脆的瑟瑟声、它的颜色、它的材料本身、连同纸上的裂缝上石蜡呈现灰色细线交织的网状，这一切已足够引起生理反射）。②

西蒙在此特意强调佐治的联想不是有意识的思想活动，而是条件反射般的自然反应，表达的也是看与思的一体性。当佐治看到科里娜的形象时，随着构成科里娜的肉身元素的运动，这些元素不断具身化为在触觉上具有黏腻性的糖浆、听觉上体现出清脆声的玻璃纸、视觉上呈现为

---

① Merleau-Ponty. Parcours Deux 1951—1961［M］. Lagrasse：Éditions Verdier, 2000：311.

② ［法］克洛德·西蒙. 弗兰德公路［M］. 林秀清，译. 上海：上海译文出版社，2015：33.

灰色的石蜡，而这些事物已事先以沉积的方式积聚在佐治的记忆之中，当科里娜的形象作为一个刺激出现在佐治眼前时，他联想到的内容便同时出现。而对于西蒙来说，"图像不仅召唤不同于它的话语，也召唤和刺激另外一个或数个其他图像"①。所以科里娜的视觉形象不仅可以召唤其他图像，也能召唤佐治的其他感觉，最终在佐治的联想中，当前的形象与过去的事物彼此交织，触觉、听觉、视觉等感觉相互交错，佐治这种想象的变动"是生活世界中相同元素的不同结合构成的变动"②。在《弗兰德公路》中，类似的描写随处可见，当佐治看到雨夜在路上行进的军队时，雨声与马蹄声的混杂又使他陷入了联想：

> 像几千条虫在啃噬世界时所发出的蚕食的声音（还有，在夜雨下沿途走的这些马、老的军马、老古董劣马摇摆着它们那棱面装甲的头，不是带有硬壳动物的僵直，有点蚱蜢那种略微滑稽而又略微可怕的神态？它们那僵直的脚、突出的骨架、环节状的肋部令人想到纹章上的某一动物的形象，它不是有血有肉的，而是像——动物和甲胄混同起来——用铁皮和生锈的部件构成的老旧车子，用一些铁丝马虎地修理过，走起来咯落咯落响，随时都会散成碎片）。③

此处佐治的联想是从声音开始的，他从马匹发出的嘈杂声响联想到了虫子的啃噬声，又从马的行走状态想到了蚱蜢、纹章上的动物图案、生锈的老旧车子以及车子发出的咯吱声。在这样的联想中，视觉与听觉再次交织，各种事物就如摄影中的场景般同时出现且转瞬即逝，对于西蒙而言，"写作包括为我们对世界的混乱、杂乱知觉引入秩序，或者说

---

① Claud Duverlie, Claude Simon, J. Rodgers and I. Rodgers. Interview with Claude Simon [J]. Substance, 1973—1974, 4（8）.
② Jean Duffy. Claude Simon, Merleau-Ponty and Perception [J]. French Studies, 1992.
③ [法] 克洛德·西蒙. 弗兰德公路 [M]. 林秀清，译. 上海：上海译文出版社，2015：19—20.

是从中产生出秩序"①。梅洛-庞蒂亦表达过类似的看法,"书写其实就是使所看到的事物成形"②。因此,《弗兰德公路》记录的就是西蒙为佐治对世界的混乱、同时性知觉赋形的过程,这种知觉是整体性的,不同感觉在其中交织,这一特点使得这部小说成为一个"由多种维度同时组成的整体:形式、颜色、声音、气味、重量、温度,不同种类的物质,同时发生的行为"③,但这一文本整体不是固定的,其中各要素均处于不断的运动之中,相互转化并持续发生联系。文本中每幅场景的呈现均是世界的肉身的呈现。

三、文本中的时空交织

西蒙反对传统小说所遵循的历时性时间,而力图描绘同时性。在他看来,"当我们想写一部小说时,当我们开始想叙述一个故事时,实际上这故事已经完结。我们转过身来,朝后看自己刚走过的道路,看到的全程呈现一片混杂。远景与前景一样清晰、逼近,像从望远镜里看去一样"④。正是对同时性的描绘,使得《弗兰德公路》的构成不仅是一部小说,同时,"它也是一幅绘画、一幢建筑、一首乐曲"⑤。对于西蒙来说,时间不再是自然科学意义上均质流动的常量,空间也不再是一个抽象的场所,相反,时空均具有一种物性,它们伴随着存在的运动也在发

① Claud Duverlie, Claude Simon, J. Rodgers and I. Rodgers. Interview with Claude Simon [J]. Substance, 1973—1974, 4 (8).

② Merleau-Ponty. Notes des Cours au Collège de France 1958—1959 et 1960—1961 [M]. Paris: Éditions Gallimard, 1996: 218.

③ Claud Duverlie, Claude Simon and J. Rodgers. Claude Simon: The Crossing of the Image [J]. Diacritics, 1977, 7 (4).

④ [法] 克洛德·西蒙. 弗兰德公路 [M]. 林秀清, 译. 上海: 上海译文出版社, 2015: 254.

⑤ Stéphane Orace. La Chant de L' arabesque: Poétique de la Répétition dans L' oeuvre de Claude Simon [M]. Amsterdam-New York: Editions Rodopi B. V, 2005: 124.

生着变化，这二者均是不连续的。西蒙的时空观受普鲁斯特的影响颇深，而在后者的小说中，时空便是不均质的，就普鲁斯特的小说而言，"只要有异质性存在的地方，就不可避免地存在非连续性"①。在普鲁斯特的笔下，伴随着主人公的回忆，出现在特定时空中的人物与事件逐渐连接成一张网，这张包含了众多异质性要素的网处于不断的运动、生成之中。《弗兰德公路》中涉及时空描写的部分同普鲁斯特的《追忆似水年华》有着异曲同工之妙，在西蒙的小说中，众多时空交叉重叠在一起，形成一个个类似黑洞般的时空褶皱，于是，过去、当前、未来之间的界限被模糊，不同空间相互侵越，彼此支撑。时空不再是抽象的概念，而是与出现在其中的事件密切交织。在写佐治对时间的体验时，西蒙这样描述道：

> 有所不同的只是这儿的背景是黑沉沉的夜间，是开始下雨的时间。这雨也是单调的、没完没了的、黑漆漆的，而且不是在倾流，是在把人和马并入它的怀里。②

在此，下雨的时间成为把人和马并入其中的时间，对于佐治而言，"时间的流逝是等同于运动的，尤其士兵们的马的运动"③。缺少了这样的事件与运动，单独的时间概念便是无意义、不可想象的。在另一处描写下雨时，西蒙引入了空间维度，将时空与众多要素糅杂在了一起：

> 他们看不见下雨，只是听见，忖测着雨水持续在战争的黑夜中喃喃细语，静悄悄隐伏着，在他们上面、身上、四周、下面，到处

---

① ［比］乔治·普莱. 普鲁斯特的空间［M］. 张新木，译. 上海：华东师范大学出版社，2015：40.

② ［法］克洛德·西蒙. 弗兰德公路［M］. 林秀清，译. 上海：上海译文出版社，2015：19.

③ Philip H. Solomon. Claude Simon's La Routes des Flandres：A Horse of Different Colour？［J］. Australian Jouenal of French Studies, 1972, 9 (2) .

流淌，好像看不见的树木、看不见的山谷、看不见的山冈、看不见的世界，全都在慢慢分解，肢解为小块，变成水，变为子虚乌有，变为冰冷的黑色的流体。①

人物对下雨的体验、人物所寓于其中的时空、时空中的其他事物、异质时空中的要素被连接起来，在这种短暂的成形之后，它们之间的联系迅速消失，所有要素开始逐渐分解为具有共有特性的元素——肉身，肉身持续运动与变化，再产生新的联结。可以说，人物"在其四周拥有一个重叠的、增殖的、侵越性的、杂乱的时间和空间——持续地孕育，持续地分娩，生成性、普遍性、原初本质、原初存在。它们是同一本体论的中心和关键"②。这便是关于肉身的本体论，人、时间、空间、事物都是相同的肉身元素所形成的偶然性事件，与时空一起，"事物作为主体的回声"③ 而产生作用。当佐治回忆起全家在外面吃晚餐的夜晚时，父亲工作的场景便与这一特定时空一起呈现出来：

> 这时老头被那些涂画过的卷了角的稿纸包围起来——这些稿纸几乎变为他的一部分、他的补充器官，与他不能分开，像他的脑袋、心脏或那沉重的衰老的肉体一样——他被圈围在夜间花园和蚊子嗡嗡叫中汽油灯照射的区域里。④

因此，时空不再是主体对其产生的意识，不能将其剥离出来进行单独思考。佐治在回忆这一场景时，当前的佐治也参与到了过去的场景之

---

① ［法］克洛德·西蒙. 弗兰德公路［M］. 林秀清，译. 上海：上海译文出版社，2015：95.

② ［法］梅洛-庞蒂. 可见的与不可见的［M］. 罗国祥，译. 北京：商务印书馆，2016：143.

③ Mireille Calle-Gruber. Claude Simon：Le Temps，L'écriture［J］. Littérature，1991（83）.

④ ［法］克洛德·西蒙. 弗兰德公路［M］. 林秀清，译. 上海：上海译文出版社，2015：184.

中。而对于其父亲来说，他用来写作的稿纸成为他自身存在的回声，他正是在夜晚的时刻，在花园的景色中、在汽油灯的气味中被颤动，正如巴什拉所说的："物质成为我们身体实现的形象。"① 梅洛-庞蒂对此论述道："时间和空间在超出可见的现实的同时又处在可见的现时之后，在深层中藏匿着。这样，可见的能填充我、能吸引我，只是因为看它的我不是从虚无的深处看它的，而是在它本身之中看它的，因为看者的我本身也是可见的，产生各种声音、各种感觉组织、现时和世界的重量、厚度、质地的，正在于把握这些东西的人感到自己是通过某种与这些东西完全同质的缠绕和重复而从它们那里涌现出来的，他感到自己就是回到自身的可感的东西，反过来说，可感的东西在他眼里则好像是其复本或其肉体的延伸。"② 可以说，正是肉身的可逆性使得"我"在寓于时空中时，能够与事物互为肉身，肉身不断出离自身，又不断返回，这种肉身的持续运动使得"我"与事物、与时空动态地交错。

四、作为"锚定"的叙述者

由于主体与世界之间的动态交织关系，使得作者在表达这一关系时，不得不面对语言的使用难题。对于新小说派作家而言，"人不是世界的中心，他不能赋予事物任何意义。因此，人物不是小说的中心，作家不应从人物的主观情感出发来描绘客观世界"③。这背后暗含了一种对唯我论的批判，并指示出两条新小说派的写作理念：其一，作家不再如现实主义作家一样占据上帝视角，并拥有统摄文本的最高权力；其

① [法]加斯东·巴什拉. 土地与意志的遐想——论力的想象 [M]. 冬一，译. 北京：商务印书馆，2020：65.
② [法]梅洛-庞蒂. 可见的与不可见的 [M]. 罗国祥，译. 北京：商务印书馆，2016：141.
③ [法]克洛德·西蒙. 弗兰德公路 [M]. 林秀清，译. 上海：上海译文出版社，2015：244.

二,小说中没有占据中心地位的主人公。在西蒙看来,世界是在不断发生变化的,而"这一世界既没有意义,也不荒诞,而仅仅只是存在着"①。

作家不过是世界中的一位存在者而已,当他书写时,他只是将自己在书写时所经验到的事物记录下来,"对于西蒙来说,没有一个关于独立于作者主观世界且拥有有效性的世界的可靠描述"②,在这一书写过程中,世界并未停止运动,当书写这一行为完成并最终呈现为文本时,同作家一样,文本自身也是运动中的世界的一部分,二者之间不再是生产—被生产的主客关系,而是共同在世存在的自我—他者的平等关系。在形成文本之后,作为创作者的作者便完成了罗兰·巴特意义上的"作者之死"。而文本空间亦不是封闭的、固定的,它随着世界的变化而处于持续的生成之中,读者在阅读文本时,其自身也参与到了文本的动态运动之中。

在《弗兰德公路》中,尽管西蒙用佐治的回忆勾勒不同的场景,但在叙述时,他并未以佐治为叙述中心,使用第一人称或第三人称来组织事件。梅洛-庞蒂指出,"读者不再能读到'我'或'他',它产生了一种中间人称(personnes intermédiaires),一种中间模式的1~2人称(具有同时性价值的现在分词)"③。而"这种语言的用法只有在语言是一种存在、一个世界,而言语是一个圆环的基础上才能被理解"④。在文本中,这种中间人称的叙述是伴随着西蒙不停地切换叙述视角来完成的。在描写身体体验时,西蒙这样写道:

① [法]克洛德·西蒙. 余中先,译. 四次讲座 [M]. 余中先,译. 长沙:湖南文艺出版社, 2017:104.

② Jean Duffy. Claude Simon, Merleau-Ponty and Perception [J]. French Studies, 1992.

③ Merleau-Ponty. Parcours Deux 1951—1961 [M]. Lagrasse:Éditions Verdier, 2000:312.

④ Merleau-Ponty. Parcours Deux 1951—1961 [M]. Lagrasse:Éditions Verdier, 2000:312.

我变成透明可见的像鬼影般的两个人。一个"我"是毫无结果地不断重复同样的动作：上身和臀部同时前倾，手臂推着桌子，直到这个"我"看到毫不生效，就返过来往后重新与那一直坐着的"我"的身体合一，他又再试拖动身体，但仍无结果。①

这样的描述使得叙述者成为一个变动中的事件记录者，西蒙谈道，"相比叙述者一词，我更愿意使用里·卡尔杜的术语'锚定'——在时间与空间上的锚定以及'嵌套'"②。相比占主导叙述权的叙述者，锚定暗含着叙述活动本身的偶然性。由于时空是处于变化中的，锚定意味着变化在某时刻的暂时结晶，对于经验这种变动的存在者而言，其所看到的只是世界在变化过程中所形成的一个偶然状态。当诉诸语言记录这样的场景时，语言的使用就成为一个难题。西蒙指出，"文本不是像记忆那般运作的，文本建构的前后运动与不同系列间的关系都建立在被称为'言说的人物'的基础上：联想、对立、隐喻，等等"③。按照这一看法，言说人物的不同意味着文本建构方式的不同，意味着与世界发生联系的方式不同，在表达这种变化中的联系时，语言的使用因此具有了一种偶然性。它不再是一种现成的表达工具，而是与存在者、与世界相互交织着，它同样由构成世界的元素——肉身组成，是存在的面向之一，并且随着肉身的运动而"一直处在被生产、发展的过程中"④。在

---

① [法]克洛德·西蒙. 弗兰德公路 [M]. 林秀清，译. 上海：上海译文出版社，2015：154—155.

② Claud Duverlie, Claude Simon, J. Rodgers and I. Rodgers. Interview with Claude Simon [J]. Substance，1973—1974，4（8）. 注：原文有误，西蒙此处说的是 mises en abyme，译为嵌套，而作者误写为了 mises en abîme.

③ Claud Duverlie, Claude Simon, J. Rodgers and I. Rodgers. Interview with Claude Simon [J]. Substance，1973—1974，4（8）. 注：原文有误，西蒙此处说的是 mises en abyme，译为嵌套，而作者误写为了 mises en abîme.

④ Merleau-Ponty, Edited by Leonard Lawlor&Bettina Bergo. Husserl at the Limits of Phenomenology [M]. Evanston：Northwestern University Press，2002：55.

文本的锚定场景中，语言的表达也是世界之肉身运动的反映，它是一种无主体的表达，因此，梅洛-庞蒂指出，在西蒙的小说中，"没有代词的使用，而只有杂质中共有语句的使用"①。与其说是人物在言说语言，不如说是作为存在面向的语言借助言说者在表达肉身的运动，"我们并不拥有语言，它拥有我们"②。正是基于此，西蒙描写小说中的人物时也是含混的，这些人物"作为没有清晰轮廓的在场"③ 而出现，人物是肉身运动形成的事件，处于不断变化中，西蒙在小说中从未确切描写人物的外在形态，而是采用一种模糊的手法勾勒其轮廓，在描写一位匿名女性时，他写道：

最终发现这个在沉沉黑夜中塑成的半透明的肉身：这不是一个女人，而是包括一切女人的意念、象征，这是说，用柔软的黏土粗略塑成的两条大腿、一个腹部、两个乳房、一个圆柱形的颈子。④

而在另一处描写女性的呼吸形态时，西蒙这样写道：

她的肉体——微微地动着，她在呼吸，这是说，一张一缩，轮流不断，似乎空气不是从她的嘴巴、她的肺部而是从她全身的皮肤吸入体内，好像她是由一种与海绵相同的物质造成的，但皮肤上有一种微细到难以察觉的颗粒像花朵似的一放一收，像石珊瑚这种属

① Merleau-Ponty. Notes des Cours au Collège de France 1958—1959 et 1960—1961 [M]. Paris：Éditions Gallimard，1996：215.
② Merleau-Ponty，Edited by Leonard Lawlor&Bettina Bergo. Husserl at the Limits of Phenomenology [M] Evanston：Northwestern University Press，2002：51.
③ Merleau-Ponty. Notes des Cours au Collège de France 1958—1959 et 1960—1961 [M]. Paris：Éditions Gallimard，1996：205.
④ ［法］克洛德·西蒙. 弗兰德公路 [M]. 林秀清，译. 上海：上海译文出版社，2015：27.

于植物与动物之间的海底生物在透明的水中轻微地颤动、呼吸。①

就内容来看，这都是基于言说人物的联想而进行的描述。前者从女性的轮廓联想到了黏土制作的塑像，而后者从女性呼吸的状态联想到了海绵与石珊瑚，言说者所知觉到的经验、表达经验的语言、言说者的身体是紧密交织的，"我们以及我们的身体、我们的感觉、我们的目光、我们理解言语和说话的能力拥有的是存在的测定尺度，是我们能够使存在参照它的维度，但这不是一致的或内在联系"②，即作为存在的不同面向，它们均不是静止的、固定的，而是伴随着存在的运动发生着变更，因此它们之间的联系是偶然的、变化的，而西蒙的小说力图展示的便是这种变化。对此，学者让·杜菲总结道："在《弗兰德公路》中，从第三人称到第一人称，又从第一人称到第三人称的明显而任意的叙述视角切换，可以通过个人分散的感觉得到解释，这种感觉是由身体—世界间平衡的改变所导致的，也是由外部现实撞击意义的暴力导致的。"③

五、结语

梅洛-庞蒂在评价《弗兰德公路》时说道："这本书是作为风景画被完成的——不是根据透视法绘制的风景画，也不是作为概念的事件（l'avènement du concept）被给予的风景画，而是作为景色的风景画。这一风景画投射出背后的要素，同时将它们作为一个潜在的整体揭示出来。"④ 在《眼与心》中，梅洛-庞蒂曾对透视法给予了深刻的批判，

---

① ［法］克洛德·西蒙. 弗兰德公路［M］. 林秀清，译. 上海：上海译文出版社，2015：178.

② ［法］梅洛-庞蒂. 可见的与不可见的［M］. 罗国祥，译. 北京：商务印书馆，2016：129.

③ Jean Duffy. Claude Simon, Merleau-Ponty and Perception［J］. French Studies，1992.

④ Merleau-Ponty. Parcours Deux 1951—1961［M］. Lagrasse：Éditions Verdier，2000：312.

因为透视法割裂了画家与其所在世界的关系，它是一种机械的制图术，由拥有上帝视角的画家根据比例关系绘制而成。对于西蒙来说，作者并非如采用透视法的画家一样拥有如此的视角，而是作为文本的构成要素之一参与其中。同时，这部小说也不是基于作者的主观设想而完成的，西蒙赞成小说应该"回到起源，回到基本，回到具体"①，对于他而言，这便要求作者返回到与世界的原初亲缘关系中，并记录作者作为在世存在的个体，在依托身体进行书写的时刻与世界相互交织的过程。于是，在西蒙的小说中，包含着大量从身体经验出发的描写，"主体经验世界的每个时刻，都是同步地知觉印象的交叉，它们必须在与彼此的关联中被描述"②。文本反映的仅是主体与世界发生联系的一种可能，在文本之下蕴藏的是存在自身的多样性。由于主体同世界都是由肉身这一元素构成的，正是肉身出离自身又回返自身的持续运动，使得主体的视觉不仅可以与听觉、触觉、嗅觉等其他感觉联系起来，还可以与时空中的其他事物联系起来。当作者诉诸语言记录这种同时性关联时，语言作为同样由肉身构成的存在物，也参与到了此种肉身的动态运动之中，小说中的长句、断句、插入句等皆由肉身的运动所产生。正如塞尚的绘画呈现的是世界的暂时结晶状态，西蒙的文本所记录的亦是肉身的短暂锚定形态。西蒙表示："小说从不停止作为一次或多次历险的叙述，而与此同时，它同样也是一次叙述的历险。"③ 这句话所表达的也是对这一动态过程记录的困难性。肉身的运动意味着文本是流动的、非封闭的，当西蒙写作时，他自身也与文本中的佐治、死去的马、骑兵队长等要素交织

---

① Claud Duverlie, Claude Simon and J. Rodgers. Claude Simon: The Crossing of the Image [J]. Diacritics, 1977, 7 (4).

② Jean Duffy. Claude Simon, Merleau-Ponty &Spatial Articulation [J]. Romance Studies, 1992, 10: 2.

③ [法] 克洛德·西蒙. 四次讲座 [M]. 余中先，译. 长沙：湖南文艺出版社，2017：69.

在一起，而梅洛-庞蒂在阅读西蒙的作品时，他自身也参与到了这一肉身运动中，成为文本的要素。无论是对于西蒙还是梅洛-庞蒂来说，个体都是流动的，是"永远不会整体化的瞬时分散感觉的积累，再加上他者过去的元素"①。如今，当读者再去阅读《弗兰德公路》这一文本时，他（她）也作为肉身运动所形成的事件而被纳入其中，也正是在文本的拓扑结构中，由于肉身的持续运动，读者可以与人物、与西蒙、与梅洛-庞蒂进行对话。

---

① Jean Duffy. Claude Simon, Merleau-Ponty and Perception [J]. French Studies, 1992.

第三章

绘画作为表达

第一节　绘画何以可能?
——论梅洛-庞蒂与马尔罗的艺术之辩①

　　自海德格尔以来,关于艺术本体论的问题便得到了众多学者的关注,梅洛-庞蒂是其中之一。他受海德格尔"艺术的本质运行于'大写的存在'境域之中"②这一思想的影响,进一步将艺术与存在联系了起来,形成了艺术研究的现象学路径。与之相对的是,另有一些学者对艺术的阐释仍从对艺术家个人的分析出发,马尔罗对艺术的阐述便是这种"艺术个体主义"的体现。而梅洛-庞蒂与马尔罗的对立便是这两类不同艺术研究路径之间差异的具体显现。

　　1952 年 6—7 月,梅洛-庞蒂在《现代》(*Les Temps Modernes*)杂志上分期发表《间接的语言与寂静之声》("Le Langage Indirect et les Voix

---

　　① 本节已作为独立论文发表于《华中学术》第 4 辑。
　　② [澳]芭芭拉·波尔特. 海德格尔眼中的艺术 [M]. 章辉,译. 重庆:重庆大学出版社,2016:55.

du Silence"）一文，此文后被完整地收录于 1960 年出版的《符号》
（"Signes"）文集之中。梅洛-庞蒂的学生兼助手克劳德·勒福指出，
"此文不是对绘画的直接阐释，而是对安德烈·马尔罗在《寂静之声》
（"Les Voix du Silence"）与萨特在《什么是文学?》（"Qu'est-ce que la
littérature?"）中提出的美学理论的批判式回应"①。《寂静之声》是马
尔罗出版于 1951 年的艺术研究巨著，收录了 1500 余幅马尔罗亲自拍摄
并挑选的图片，通过对不同艺术形式的分析，马尔罗就艺术创造、艺术
创造中的主体、绘画的历史等方面提出了相应观点：受哲学家帕斯卡影
响，他将艺术看作摆脱人类荒诞现状的反叛（révolte），看作"人的永
恒的报复"②；通过对现代绘画的研究，他将艺术创造看作艺术家个人
风格的显现，将艺术创造的原因完全归结于艺术家的主观因素；另外，
他还将绘画的历史看作非连续的，是由"一系列决定性的断裂与发现
组成的"③。针对这些观点，梅洛-庞蒂在《间接的语言与寂静之声》
中一一给予了深刻批判，除此之外，他还赋予马尔罗提出的"风格"
（style）、"变形"（métamorphose）等概念新的意涵。因此，本部分将结
合二者的相关文本，对梅洛-庞蒂与马尔罗的绘画理论进行对比研究，
以进一步梳理二者的学理关系。

一、艺术：人对世界的反叛或表达

作为获过龚古尔文学奖的小说家、只身前往东亚的冒险者、戴高乐
执政时期的法国文化部长、参加过反法西斯斗争的前线战士，马尔罗的

---

① Maurice Merleau-Ponty, Édition établie par Claude Lefort. Œuvres ［M］. Paris：Éditions Gallimard，2010：68.

② 柳鸣九，罗新璋. 马尔罗研究 ［M］. 桂林：漓江出版社，1984：30.

③ Derek Allan. Art and the Human Adventure：André Malraux s'Theory of Art ［M］. New York：Editions RodopiB. V，2009：132.

每部作品都与他的人生经历密切相关。《征服者》（"Les Conquérants"）和《人的境遇》（"La Condition Humaine"）反映了他参加亚洲革命运动的经历，《王家大道》（"La Voie Royale"）是他前往柬埔寨密林寻找失落文明的见证，而"当我试着表达西班牙革命给我的启示时，我写了《希望》（"L'espoir"），当我试着表达艺术和它当前的变化给我的启示时，我写了《寂静之声》"①。可以说，马尔罗一直都在"把尽可能多的经历转化为意识"②。在 1952 年的一次访谈中，马尔罗表示："当'什么是艺术'这一问题被重新思考时，'什么是人'这一问题也离得不远了。"③ 他对艺术的分析是以他对人作为主体的境遇阐发为前提的。

1925 年，马尔罗离开亚洲之后，在归国的船只甲板上写下了《西方的诱惑》（"La Tentation de L'Occident"），在这部小说里，他将东西方文明进行了对比，并指出两种文明均走向衰败没落的现状，其结果便是人类生活在一片荒诞之中。马尔罗关于人类生存荒诞性的思想受惠于法国哲学家帕斯卡，而后者对人类生存现状、生命的意义始终持一种消极态度。在帕斯卡看来，人类自我的飘忽不定，注定遭受的无法改变的厄运，会在人类身上引发一种无可摆脱的焦虑（angoisse）感受，而人类却无法通过行动对现状做出改变，这便是人类生存的荒诞。马尔罗在《西方的诱惑》中直接引用帕斯卡的论述来描述这一荒诞状况："请设想一下，戴着锁链的一大批人，他们每个人都判处了死刑，每天，其中一些人眼看着另一些人被处死，留下来的人，从他们同类的状况，看到

---

① ［法］加埃唐·皮康. 马尔罗［M］. 张群，刘成富，译. 上海：上海人民出版社，2008：16.

② ［法］加埃唐·皮康. 马尔罗［M］. 张群，刘成富，译. 上海：上海人民出版社，2008：9.

③ André Malraux. Entretien avec Gabriel Aubarède［N］. Les Nouvelles Littéraires，1952-04-03.

了自己的状况，痛苦而绝望地互相对视着……这就是人的状况的图景。"① 与帕斯卡消极悲观的态度不同，马尔罗认为人类可以通过行动与命运斗争，因此，人类对荒诞现状的反抗成为贯穿他作品的重要主题，不仅他小说中的英雄式主人公在与命运抗衡，甚至艺术家也要通过艺术创作来抵抗世界的荒诞。在《寂静之声》中，马尔罗将人所存在的真实世界看作混乱的、无序的，但他赋予人绝对的权力，给予人类通过对现实元素的变形创造新世界并摆脱真实世界的可能。作为艺术家，自然承担着通过艺术反抗世界荒诞性的使命。"艺术是对一个竞争性世界的创造，这一世界基于对'真实世界'的一系列转换过程之上。"② 对于马尔罗来说，艺术家所创造的自主世界是与其所存在的真实世界对立的，不同于人在真实世界中的被动与无助，在艺术世界中，艺术家将其统一并赋予其秩序。于是，人的地位从被动接受转变为主动统治，这也意味着艺术的创造必定以人与其所在真实世界的断裂为前提，否则艺术世界便无法诞生，人也无法获得主导地位。而正是对人与其所处真实世界关系的不同理解，导致了梅洛-庞蒂与马尔罗在艺术思想上的一系列分歧。

梅洛-庞蒂在承继胡塞尔现象学道路的基础上，结合海德格尔的存在论观念，提出了人的"在世存在"（être au monde）这一思想，以期为现象学奠定一种存在论基础，避免其走向一种纯反思的哲学。"我思将我的思想当作一个不可剥夺的事实，它取消各种唯心主义，而发现我的'在世存在'。"③ 在梅洛-庞蒂看来，我思所确立的既非笛卡尔意义

① 柳鸣九，罗新璋. 马尔罗研究［M］. 桂林：漓江出版社，1984：12.
② Derek Allan. Art and the Human Adventure：André Malraux s' Theory of Art［M］. New York：Editions RodopiB. V，2009：114.
③ Maurice Merleau-Ponty，Édition établie par Claude Lefort. Œuvres［M］. Paris：Éditions Gallimard，2010：664.

上那个不可被怀疑的"我"的存在也非胡塞尔现象学所提出的意识活动优先性，而是"我"在世存在的这一已定事实。对于梅洛-庞蒂而言，"世界是某种前客观地、前反思地存在着的东西，是人的生存不得不与之打交道的东西"①。因此，作为主体的人与其所在的世界是无法割裂的，人的任何行动必须以其在世存在为前提。"世界与主体的中介关系是一种于存在层面已互相依存、互相渗透的关系。"② 正是这种关系，才确保了人之为人的可能性。同时，人所存在于其中的世界并非如马尔罗所言，是具有消极与否定意义的荒诞，是一种注定的厄运，相反，它是一种模糊的、混沌的、处于不断运动中的"现象性现实的中性域"③，人与世界之间始终是一种感性的关系。这体现在主体通过知觉与世界发生联系，而知觉是先于一切思维加工与价值判断的。当主体通过知觉与世界直接接触时，他所感受到的仅是运动中的世界在自己经验中的暂时结晶（cristallisation）状态，是世界在主体面前呈现的某种面容（visage），这是世界本来面目的展现，而非主体对世界的任何解释或判断。一旦主体把知觉提升为理智活动时，就落入了理智主义（Intellectualisme）的陷阱，马尔罗所认为的充满否定与消极意义的世界，在梅洛-庞蒂看来，是如自然科学一般对世界做出的解释，而不是世界的原初形态。对于艺术家而言，他通过作品所要表达的正是自身所感受到的世界的样态，是自己与世界的这种原初感性联系。艺术家不是世界的统治者，他作为世界的一部分存在于其中，这一世界是既是艺术家作为主体存在的基础，更是他进行艺术创作的基础，他不可能脱离其

---

① 杨大春. 杨大春讲梅洛-庞蒂 [M]. 北京：北京大学出版社，2005：68.
② 刘国英. 法国现象学的踪迹：从沙特到德里达 [M]. 台北：漫游者文化，2018：169.
③ Maurice Merleau - Ponty, translated by Paul B. Milan. The Incarnate Subject： Malebranche, Biran, and Bergson on the Union of Body and Soul [M]. New York：Humanity Books，2001：21.

所在世界，去创造另一个新的世界。

总之，由于梅洛-庞蒂与马尔罗受不同的哲学思想影响，在对艺术本体进行界定时，两者出现了重大差异。马尔罗将艺术看作对真实世界的反抗，而梅洛-庞蒂认为艺术是对真实世界的表达。正是这种对艺术的本体认识差异，导致了两者对风格、历史、变形等概念的不同阐释。

二、风格：个体创新或普遍样态

在《寂静之声》中，马尔罗对风格（style）做出如下界定："所有伟大风格的概念都是不同的但互不兼容的观看世界的方式的表述。"①由于马尔罗赋予艺术家创造艺术世界以摆脱真实世界的使命，因此，风格就是艺术家创造这一艺术世界，并为这一艺术世界赋予秩序的方式。马尔罗通过对绘画史的考察，提出"形式的不断变化，就是艺术的本质"②。因此，绘画的演变体现在其形式的更迭之上，新绘画流派的兴起必然意味着与过去绘画流派的决裂，并暗示着对以往绘画技法的否定与摧毁，于是，不同的绘画之间形成了一种竞争关系。对于画家而言，他只能"复制另一位画家或创新"③，而风格的诞生便是画家创新的结果。

在马尔罗看来，"只有现代艺术才称得上是风格艺术"④。马尔罗通过对拜占庭（Byzantium）艺术、古埃及艺术、古印度艺术等不同种类的原始艺术的考查，指出原始艺术服务宗教目的，服务一种绝对存在

---

① André Malraux，translated by Stuart Gilbert. The Voice of Silence［M］. lPrinceton：Princeton University Press，1978：274.

② 柳鸣九，罗新璋. 马尔罗研究［M］. 桂林：漓江出版社，1984：33.

③ André Malraux，translated by Stuart Gilbert. The Voice of Silence［M］. lPrinceton：Princeton University Press，1978：319.

④ 张颖. 意义与视觉：梅洛-庞蒂美学及其他［M］. 北京：北京时代华文书局，2017：133.

(absolu)，此类艺术的目的是唤起一种超验绝对（如上帝）的神秘在场。因此，当艺术作为一种手段服务宗教时，艺术家便处于一种被动的地位，他不能再创造一个新的艺术世界，风格自然无从谈起。随后，马尔罗对古典绘画进行了探究，在他看来，虽然古典绘画不服从绝对存在，但它是对客观世界的模仿，是画家表现真实世界的一种方式。通过透视法的变形，古典画家将所见如实地再现于画布上，而这一过程并不涉及画家的自主创新。马尔罗对现代艺术的分析始于对画家埃尔·格列柯与乔治·德·拉图尔绘画的探究。在他看来，格列柯"在缺乏层次感的拜占庭空间中，用强烈的光的效果突出富于动势的巴洛克式的图画，拉图尔则是运用卡拉瓦乔风格的几何形体表现看似多面的立体图形"①。这两位画家的尝试意味着一种形式上的革新、一种全新的创造，这表明了画家对以往绘画技法的主动修正，它是画家主观性的表达，也是画家个人风格的体现。

因此，马尔罗将风格看作现代画家所独有的、为画家个人所自知的一种创新方式。它"既不是被添加的附属，也不是修饰，它是由艺术所要求的在转换过程中的实质"②。当现代画家不满足再现世界，而力求创造新的自主艺术世界时，风格就是他创造这一新世界的方式，格列柯用光的效果创造艺术世界，拉图尔则用多面立体图形实现这一目的。"风格是一种意指，它将意义加于视觉经验之上"③，画家在视觉经验的基础上，依据主观性对视觉元素进行筛选与组合，构建一种新的秩序，形成一种新的意义，并最终以视觉形式呈现一个尚未出现的艺术世界。

---

① 柳鸣九，罗新璋. 马尔罗研究 [M]. 桂林：漓江出版社，1984：331.
② Derek Allan. Art and the Human Adventure：André Malraux s' Theory of Art [M]. New York：Editions RodopiB. V，2009：114.
③ André Malraux，translated by Stuart Gilbert. The Voice of Silence [M]. lPrinceton：Princeton University Press，1978：324.

一位画家风格的形成意味着对过去已完成风格的彻底摧毁，对于马尔罗来说，"真正的艺术作品，是一种看起来像是从无中生有（ex-nihilo）的意义上进行的创造"①，这种隐含的断裂意味着画家风格的形成完全取决于画家自身，正是对画家主观性的过分夸大，成为梅洛-庞蒂批判马尔罗的原因之一。

在《间接的语言与寂静之声》中，梅洛-庞蒂对"风格"的概念做了重新界定。在他看来，风格并非仅属于现代艺术家的，相反，它具有一种存在论的意涵，涉及每位在世存在的主体，它"体现了在世界上存在的主体同处境的关系，体现着身体-主体与他人或一般意义上的他者的共-在（co-existence）"②。这意味着风格是任何在世存在的主体参与世界、与世界及他者发生关系的方式，而这种方式是主体不自知的，"在我们的一般知觉中，风格已被识别；在我们的日常动作中，风格已被表达"③。因此，对于画家来说，他的风格是一种表达样式，以表达他与其所在世界的存在论关系。风格"不是可盘点的一种方式，或众多的程序与习惯性动作，它是一种别人亦能辨识出的表达，对于艺术家来说，它却像其轮廓或日常动作一样不易感知"④。既然风格涉及每位在世存在的主体，那么，马尔罗对古典绘画与现代绘画的区分也就失去了意义。在梅洛-庞蒂看来，古典画家的绘画也包含了一种风格，透视法也是画家表达其与世界的联系的手段之一，马尔罗把风格完全归

① Derek Allan. Art and the Human Adventure：André Malraux s' Theory of Art ［M］. New York：Editions RodopiB.V，2009：126.
② 张颖. 意义与视觉：梅洛-庞蒂美学及其他 ［M］. 北京：北京时代华文书局，2017：125.
③ 张颖. 意义与视觉：梅洛-庞蒂美学及其他 ［M］. 北京：北京时代华文书局，2017：126.
④ Maurice Merleau-Ponty，Édition établie par Claude Lefort. Œuvres ［M］. Paris：Éditions Gallimard，2010：1481.

属于现代画家的看法是不妥的，这不仅因为风格具有一种存在论层面的普遍性，更因为即便是现代画家，也无法完全依据自己的主观性绘画，无法自觉认识自己的风格。

梅洛-庞蒂以现代画家保罗·塞尚与保罗·克利为例，来反驳马尔罗的这一论点。他提出，即使是这样的现代画家，也无法完全凭借主观性绘画，绘画并非个体为混乱的世界赋序，画家也不是像野心家或吸毒者一样，以摧毁真实世界为乐。"风格不能够作为对象而被把握，因为它还什么都不是，并且只有在作品中才能够让自己成为可见的。"① 画家亨利·马蒂斯在看到自己作画时的慢镜头后也感到吃惊，他在绘画中不是从众多可能的轮廓线之中做出选择，而是以在世存在的身体为介质，描绘世界与其相遇的方式，并最终用肉质的手以痕迹的形式将这种相遇呈现于画布之上。风格不再如马尔罗所言，是人对真实世界的胜利，相反，"画家在工作中并不知晓人与世界的反题、意义与荒诞的反题，以及风格与再现的反题，他忙于表达同世界的交往，以致不会因其在不自觉中产生的风格而扬扬自得"②。在绘画中，画家不是超脱于世的造物主，拥有一种"出世"的视野，而是在世存在的人，只有通过绘画作品，才能使其参与世界的方式变得可见。就此而言，风格具有一种绝对独特性和不可复制性，因为每位画家表达其与世界关系的方式不尽相同。

概括而言，马尔罗始终从世界的外部来观察风格，因此他将风格归于现代画家的主观性，而梅洛-庞蒂的风格概念涉及一种存在论意义，它植根主体与其所在世界的关系，作为一种普遍的表达样态而起作用。

---

① ［法］梅洛-庞蒂. 眼与心·世界的散文［M］. 杨大春，译. 北京：商务印书馆，2019：173.

② Maurice Merleau-Ponty, Édition établie par Claude Lefort. Œuvres［M］. Paris：Éditions Gallimard, 2010：1481.

三、历史：断裂或连续

由于马尔罗在对艺术史的研究中，将新艺术的产生看作对原有艺术的摧毁，因此，他总是通过对比来研究艺术的发展。"只有通过比较，才能感受，把一座希腊雕塑与一座埃及的或亚洲的雕塑加以对比，要比研究一百尊希腊雕塑更能深切地了解希腊人的艺术天才。"① 每种新绘画形式的产生意味着对过去形式的否定，因此，连续的概念便成为不可能。"对于马尔罗来说，艺术的历史是对一系列创造的叙述，这暗含了一种'非连续'的历史，它是由一系列决定性的断裂与发现组成的。"② 马尔罗在《想象的博物馆》（"Le Musée Imaginaire"）中指出，博物馆中展示的绘画史不是真正的历史，而只是一种对历史的叙述。博物馆墙壁上的绘画以时间为顺序，选取不同时期画家的代表作悬挂于其上，使得绘画史看上去具有了连续性。但由于新绘画的产生是以对原有绘画的摧毁为基础的，即使是同一位画家，其早期的作品与晚期的作品之间也隐含了一种分裂，"艺术，不是屈从，而是征服，征服什么？表达艺术的情感和方式"③。因此，在马尔罗看来，历史并不是一个统一的持续发展过程，随着线性时间的推进，它不断以对过去的否定为基础而前进，这是一种不连续的、断裂的历史。

但是，马尔罗在对绘画的分析中发现，尽管某些绘画所产生的文化背景不同、规模不同，但在其中可发现一种相同的表达风格。因此，他总结道："有一种艺术的理性目的（telos）在个体艺术家身上展开，尽

---

① 柳鸣九，罗新璋. 马尔罗研究［M］. 桂林：漓江出版社，1984：28.

② Derek Allan. Art and the Human Adventure：André Malraux s' Theory of Art［M］. New York：Editions RodopiB. V，2009：132.

③ ［法］安德烈·马尔罗. 政治与文化：安德烈·马尔罗讲演访谈录［M］. 黄芳，杨旭辉，郑晓萍，译. 上海：华东师范大学出版社，2019：57.

管这并不要求一种首要的黑格尔式精神。"① 他以"理性目的"这一形
而上的术语来解释所发现的微型画（miniature）的相似性，可以说，马
尔罗在对历史进行了分割之后，又试图从断裂之中寻找共同的要素将其
统一。在此意义上，他建构了自己的想象博物馆，马尔罗对自己拍摄的
数万张照片进行了筛选与组合（图3-1），这些照片中包含了各种艺术
形式，甚至一些被排除在博物馆之外的艺术，包括哥伦比亚艺术、墨西
哥艺术等，他建构想象博物馆的目的是实现"对不可见的复苏"②。马
尔罗力图打造的是一个百科全书式的博物馆，它不限于已完成的画作，
甚至一些彩绘、玻璃图案也被纳入其中，通过这种尝试，马尔罗试图造
就一种不同于博物馆中的艺术史，并以此来寻求艺术的共通性及其背后
的理性目的。然而，马尔罗的想象博物馆并未创建一种连续的历史，相
反，它是"一种自我本位式的装置，当它能使我们复苏、面对、中和
并协调艺术作品、艺术家以及我们选择的风格时，它就将艺术史的领域
缩减到了个人的品味之上"③。换言之，马尔罗是依据自己的审美喜好
为想象博物馆选择内容，他始终站在历史之外，以一种凌越式思维去研
究艺术史，表现出一种"统观全局的爱好"④，而这样的历史，在梅洛-
庞蒂看来，只是一种人为的主观性历史，并不是主体居于其中的真正
历史。

　　在《辩证法的历险》（"Les Aventures de la Dialectique"）中，梅
洛-庞蒂直接地对马尔罗的历史观提出了批评："人们总是可以像马尔

---

① Donald A. Landes. The Merleau-Ponty Dictionary［M］. London：Bloomsbury Academic，
2013：110.
② Charles-Louis Foulon, Janine Mossuz-Lavau, Michaël de Saint-Cheron. Dictionnaire
André Malraux［M］. Paris：CNRS Editions，2011：207.
③ Bertrand Davezac. Malraux's Ideas on Art and Method in Art Criticism［J］. The Journal of
Aesthetics and Art Criticism，1963，22（2）.
④ 柳鸣九，罗新璋. 马尔罗研究［M］. 桂林：漓江出版社，1984：285.

图 3-1 马尔罗与想象的博物馆

罗所指出的那样反驳说，考问和理解所有文明的成见本身就是一种不同于这些文明的文明现象，它使这些文明产生形变，把十字架变成了艺术品，把作为一种获取神圣者的手段的东西变成了认识的对象，最后，历史意识就靠这种站不住脚的悖论来维持：它把每一个都被作为绝对来体验的生命片段汇集到想象之中，以一种单一的目光对它们进行比较，并把它们思考为某个单一的发展的诸环节。"① 概括而言，梅洛-庞蒂认为，马尔罗的历史观在人为地对历史进行分割之后，又试图以某种更宏观的概念将其整合起来。而对于梅洛-庞蒂而言，历史从不是可被分割

---

① ［法］梅洛-庞蒂. 辩证法的历险 [M]. 杨大春，张尧均，译. 上海：上海译文出版
社，2009：14—15.

的，它是一种连续之流，是一种建制（l'institution）。

建制的概念来自胡塞尔的 stiftung（创制）概念，梅洛-庞蒂认为胡塞尔用此概念来指涉文化产物的丰富性，这些文化产物"在它们出现之后仍具有价值，并能打开它们在其中能永久复苏的研究场域"①。在此基础上，梅洛-庞蒂对胡塞尔的这一概念进行了发展，在他看来，建制是"建立一种关乎未来行动的开放轨迹的传统"②，它能"给予我们一些它自身不具有的，以及我们从它之中获取的，我们带给它的东西"③。而历史就是这样一种建制。具体而言，在梅洛-庞蒂看来，历史的发展不是遵循线性的时间，而是具有一种可不断回返其自身的回溯性。就绘画史而言，出现在绘画史中的任何绘画都不会因为时间的推移而导致意义的丧失，相反，这些意义会作为一种沉积（sédiment）不断地发生作用。绘画形式的更新、绘画流派的出现并不意味着与过去绘画的彻底断裂，相反，过去的绘画已经沉积在了当前的文化之中，以一种悄然的方式影响着当前的绘画，而当前的绘画也以回溯的方式影响着过去的历史。因此，在历史中，过去、现在与未来处于一种持续对话之中。对于画家来说，他早期的风格也沉积在了当前的表达之中。

梅洛-庞蒂在对历史的分析中，拒绝黑格尔式的综合概念，并以此批判马尔罗赋予绘画史的人为统一性，在他看来，"真正的绘画史是把绘画完全置于现在，使之寓居于艺术家们那里，并且把该画家重新纳入

---

① Maurice Merleau-Ponty, Édition établie par Claude Lefort. Œuvres [M]. Paris：Éditions Gallimard, 2010：1486.

② Donald A. Landes. The Merleau-Ponty Dictionary [M]. London：Bloomsbury Academic, 2013：113.

③ Maurice Merleau-Ponty. Institution and Passivity：Course Notesfrom the Collège de France (1954—1955) [M]. Evanston：Northwest University Press, 2010：60.

到画家们的兄弟般关系之中的历史"①。在这样的历史中，画家作为历史中的人，他们之间不再是竞争、对立的关系，而是一种平等的对话关系。这种历史不是历史唯物主义中放弃个体的人以强调宏观的历史，也不是宗教中人作为上帝的从属参与其中的超验性历史，而是人当下参与其中、活生生的历史，它是"由有价值的所有言语、所有作品和所有行动交织起来的一场永久的对话，每一个都由于其所处之位在其独一无二的处境中验证和证实了另一个，每一个都重新创造了全部的他者"②。学者伯特兰德·达弗扎克指出，在讨论艺术史时，必须将两个重要因素纳入其中："一个因素是风格，它强调非连续的要素与个体主义，另一个要素是主题材料，它强调艺术中的连续性要素。"③ 显然，马尔罗的历史研究仅关注了非连续的方面。

四、变形：形式改变或等价体系

马尔罗提出的变形概念是就艺术家的个人创造而言的，由于新形式的创造意味着与过去的断裂，这就要求艺术家在创造新作品时必须对过去绘画中的要素进行变形，而变形必然意味着彻底改变。"变形不是一种偶然，它是艺术作品的法则，也是艺术作品的生命。"④ 变形对于马尔罗来说，不仅是一种手段，还是一种永无止境的过程，在这一过程中，意义不断地更替。比如画家乔托对拜占庭绘画（图3-2）的变形尽

---

① ［法］梅洛-庞蒂. 眼与心·世界的散文［M］. 杨大春，译. 北京：商务印书馆，2019：191.

② ［法］梅洛-庞蒂. 眼与心·世界的散文［M］. 杨大春，译. 北京：商务印书馆，2019：206.

③ Bertrand Davezac. Malraux's Ideas on Art and Method in Art Criticism［J］. The Journal of Aesthetics and Art Criticism，1963，22（2）.

④ André Malraux. La Psychologie de l'art, Le Musée imaginaire［M］. Paris：Skira, 1947：16.

管均以宗教主题为表现内容，但拜占庭绘画遵循严格的空间布局，注重营造画面的威严感，因此在描绘宗教人物时，会使用一些风格化的线条，突出人物的外在轮廓而忽视其局部细节，以将人物当作一种宗教符号与精神象征来呈现，从而适应绘画的整体布局，这就显得人物呆板而僵滞。

图 3-2　拜占庭风格绘画

而乔托的绘画在此基础上做了变形，他认为宗教中的人物不是僵死的符号，而是有血有肉的存在，基于此，他更注重表现人物的肌理。以《哀悼基督》（图 3-3）为例，不同于拜占庭绘画中二维平面化的人物形象，《哀悼基督》中的人物更具立体感与肉身性。圣约翰对耶稣的俯身凝视、圣母玛利亚轻扶耶稣的姿势、圣徒对耶稣祭拜的站姿、人物面部的悲恸表情等均使得这些宗教人物具备了强烈的感染力。这些人物不再作为传递宗教意蕴的能指出现，而是作为活生生的、当下的肉身存在，直接向观者传递出了他们对耶稣的敬爱。对于马尔罗来说，乔托针对拜占庭绘画做出的变形就见证了他自身风格形成的过程。马尔罗曾感叹："一个人在学会用他的声音说话之前需要多少时间啊。"① 这反映的便是艺术家从模仿到变形，并最终形成自己风格之前的艰难历程。

图 3-3 乔托，《哀悼基督》

在梅洛-庞蒂看来，绘画是一种变形，但并非是出于画家主观意愿的任意变形，而是始终遵循着等价系统（système d'équivalences）的一致性变形（déformation cohérente）。"当世界的所予服从我们的'一致性变形'时，便有了意义。绘画中所有的可见矢量与精神矢量均朝向一个意义 X 汇聚，这种汇聚已在画家的知觉中得以显露……只要世界中某些元素获得了维度的价值，我们就可把其余的要素移置其上，并用维度的语言将其表达出来。在每位画家那里，风格都是等价系统，他为了显现而为自身建构了这个系统，它是一致性变形的普遍标志，借助于

---

① Maurice Merleau - Ponty, Édition établie par Claude Lefort. Œuvres ［M］. Paris：Éditions Gallimard，2010：1480.

此，他把在其知觉中分散的意义集中起来，并使它明确地存在。"① 在梅洛-庞蒂看来，虽然画家在画布上所呈现的是世界在其经验中结晶的样态，但画家对这一结晶过程的表达仍需要遵循一定的规则。这是一种整体上的等价体系，其中每个要素都相互关联，一个要素的改变会引起整个体系的震颤，其他要素也要因此做出改变。"我们之所以拥有一位维米尔，并不是因为这画恰好出自维米尔之手，而是因为绘画发现它的每个要素都遵从等价体系，就像一百个钟面上的一百根针标志了同样的偏离那样，绘画也在说着维米尔的语言。"② 可以看出，马尔罗的变形是基于画家针对以往绘画所做出的改变而言的，它完全受艺术家个人才能的影响。而梅洛-庞蒂则强调"人是一种宇宙因素，但也是所有的宇宙因素在此通过永无完成的转换来改变意义并成为历史的场所"③。不同于有声的语言，绘画是沉默的，但它以寂静的声音说着自己的语言，它也是主体表达世界的方式之一。在绘画中，通过变形，画家对其经验中的世界诸要素进行转换，并使不可见的成为可见的，相比马尔罗，这是一种更深层意义上的变形，它涉及的是不同主体知觉世界、组织世界的不同方式。这种变形不是主体个人意愿的结果，而是在存在论意义上，主体在与世界交流中动态对话的痕迹。

五、结语

梅洛-庞蒂对马尔罗相关艺术理论的批判是基于二者对艺术本体的不同理解。马尔罗将艺术看作人对命运的反叛，将艺术世界看作对真实

---

① Maurice Merleau-Ponty, Édition établie par Claude Lefort. Œuvres [M]. Paris: Éditions Gallimard, 2010, 1482.

② Maurice Merleau-Ponty, Édition établie par Claude Lefort. Œuvres [M]. Paris: Éditions Gallimard, 2010, 1489.

③ [法] 梅洛-庞蒂. 哲学赞词 [M]. 杨大春, 译. 北京: 商务印书馆, 2019: 34.

世界的否定与摧毁，而梅洛-庞蒂则将艺术看作表达人及其所处世界的关系的方式。正是由于二者对艺术的阐释不同，才导致了二者面对风格、历史、变形概念时产生的分歧。马尔罗将艺术作品的创造看作艺术家个人风格的体现，同时提出只有现代画家才具有创造的能力，才具有自己的风格，在他看来，古典画家只是模仿世界，而缺乏创造的维度。于是，现代画家成为"特殊才能的化身"①，其作品成为自身天分的显现。在这一过程中，艺术家通过自身的才能不断对以往的艺术进行变形，直至同过去完全决裂，创造出新的艺术。因此，在马尔罗看来，像史学家一样谈论艺术史是毫无意义的，因为历史的概念必然包含了一种对以往的否定，艺术史是充满断裂与非连续性的。

而对于梅洛-庞蒂而言，风格是任何在世存在的人与世界发生联系的方式，它作为一种表达样态而存在，这种样态因主体的不同而各有所异，它不仅属于现代画家，更属于每一位在世存在的人，因而它具有整体普遍性与个体独特性。对于画家来说，他在绘画时遵循着一种等价体系和一致性变形，这种变形不是对以往艺术元素的转换，而是画家在与世界动态接触的过程中，不断寻求一种相对稳定状态的尝试。世界处于运动之中，作为在世存在的画家亦处于运动之中，当画家画完一笔时，他与世界的关系已因运动而发生了改变，画家需要通过一致性变形来重新获取这种平衡，就此而言，梅洛-庞蒂的变形概念仍是就画家与其所处世界的关系而言的。不同于马尔罗赋予历史的非连续性，梅洛-庞蒂将历史看作一种建制，它既不是事件的并置，也不是某种先验理念的展开，而是一种充满意义的连续性运动，在其中，过去被带向未来，未来被回溯到过去。

---

① Geoffrey T. Harris, Malraux and the Psychology of the Artist [J]. FCS. vii, 1966, 7 (19).

总而言之，正如莫里斯·布朗肖批判马尔罗将艺术家看作 "永恒的唯一主人"①，将 "历史的意义看作是艺术所赋予的"② 一样，在《寂静之声》结尾处，马尔罗写道："数千年的光阴在暮色中陪伴着这只手的颤动，这只手因为某种最高的神秘形式而颤抖，这正是生而为人的力量和荣誉的表现形式。"③ 对于梅洛-庞蒂而言，重要的是，这只手不是被当作事物的手（main-chose），画家也不是依靠它在自在（en-soi）空间中绘画。相反，这是一只作为现象的手（main-phènomène），它存在于运动的、被知觉的世界之中，依据同世界的原初关联而获得意义，从而使绘画成为可能。

第二节　绘画、在世存在与经验表达
——基于梅洛-庞蒂的塞尚研究④

作为艺术现代主义之父，关于保罗·塞尚的批评与研究已 "形成了一个规模巨大的文献目录"⑤。自罗杰·弗莱的形式主义研究之后，又形成了三条不同的研究脉络，分别是：霍华德的传记研究、迈耶·夏皮罗的精神分析与图像学研究、梅洛-庞蒂的现象学研究。与以往生平考据、心理分析、形式探究、图像解读等方法不同，梅洛-庞蒂对塞尚的解读是在现象学的视域下进行的，他首次将绘画作品与主体的在世存

---

① Maurice Blanchot. Le Musée，l'art et le temps [M]. Paris：Gallimard，1971：39.
② Maurice Blanchot. Le Musée，l'art et le temps [M]. Paris：Gallimard，1971：39.
③ [法] 加埃唐·皮康. 马尔罗 [M]. 张群，刘成富，译. 上海：上海人民出版社，2008：165.
④ 本节已作为独立论文发表于《艺术学界》第26辑.
⑤ [英] 罗杰·弗莱. 塞尚及其画风的发展 [M]. 沈语冰，译. 南宁：广西美术出版社，2017：218.

在、经验表达联系起来。

在梅洛-庞蒂看来，艺术与哲学均是一种表达主体在世存在的方式。在1956年至1957年开设于法兰西学院的"自然"课程中，他引用德国哲学家谢林的论述来表明艺术与哲学的交织关系，"艺术是哲学的资料与手段"①，但与谢林"哲学家表达世界，艺术家创造世界"② 的观点不同，梅洛-庞蒂对表达的概念做了进一步深化，将表达看作主体在世存在（être au monde）的本体论结构，因此，无论是哲学家还是艺术家，表达都是其与世界交织关系的基本体现。从发表于1945年的《塞尚的怀疑》伊始，到1952年的《间接的语言与沉默的声音》，至其去世前完成的《眼与心》，梅洛-庞蒂涉及艺术（主要是绘画）的论述都围绕表达的概念进行。"表达的概念，是引导梅洛-庞蒂哲学之旅的绝佳证据之一，它一直引导梅洛-庞蒂从《知觉现象学》到后期文本中的本体论，在后期的本体论中，表达完全从主体性的范畴中解放出来。"③ 而在梅洛-庞蒂关于绘画这一艺术形式的阐释中，塞尚是其提及频率最高的画家，究其原因，是梅洛-庞蒂在塞尚的绘画中看到了与自身哲学理念的异曲同工之妙：二者均是在对已有概念模式悬置的基础上，力求回归一个先于一切阐释的，更原初、感性的世界。作为哲学家，梅洛-庞蒂采用了胡塞尔现象学的路径，通过对自然态度的悬置而朝向事物本身。塞尚则是在放弃古典主义透视法的基础上，通过画家的视觉，"让事物于其明澈的在场中显现"④。这一过程，塞尚称之为实现（la realisation）。尽管梅洛-庞蒂与塞尚采取了不同的复魅路径，但在梅

① Maurice Merleau-Ponty. La Nature［M］. Paris：Éditions du Seuil, 1995：71.

② Maurice Merleau-Ponty. La Nature［M］. Paris：Éditions du Seuil, 1995：72.

③ Pascal Dupond. Le Vocabulaire de Merleau-Ponty［M］. Paris：Ellipse EditionMarketing, 2001：25—26.

④ ［奥］里尔克. 观看的技艺：里尔克论塞尚书信选［M］. 光哲，译. 北京：商务印书馆，2019：75.

洛-庞蒂看来，塞尚的绘画作为一种表达，是在"力图捕捉关于世界的前—理论化经验"①，在绘画中显现的是塞尚作为在世存在的主体与世界的动态交织过程，而这正是梅洛-庞蒂的现象学试图描述的内容。"梅洛-庞蒂认为现象学还原的任务不是要突出意识的首要性，而是要显示主体与世界的根本联系。"② 因此，本节将结合梅洛-庞蒂的现象学资源，为塞尚及其绘画提供一种更加切贴近客观实际的解读方式。

一、对古典画派及印象主义的批判

发表于1945年的《塞尚的怀疑》一文是梅洛-庞蒂用现象学的方法探讨塞尚绘画的初步尝试。刘国英指出，"《塞尚的怀疑》一文是对塞尚的赞颂和对古典画派的批评，并以此立论梅洛-庞蒂从现象学角度研究塞尚"③。可以看出，梅洛-庞蒂对塞尚的研究是在对古典画派批评的基础上进行的，而这一批评集中于对古典画派的技法——透视法的批评。

英国学者约翰·伯格曾对透视法做出如下界定，"以观看者的目光为中心，统摄万物，就像灯塔中射出的光，只是并无光线向外射出，而是形象向内摄入，那些表象俗称现实，透视法使那独一无二的眼睛成为世界万象的中心"④。透视法是古典画派最常用的技法，是画家为了全

---

① 刘国英. 法国现象学的踪迹：从沙特到德里达［M］. 台北：漫游者文化出版，2018：180.

② Donald A. landes. The Merleau-Pony Dictionary［M］. London：Bloomsbury Academic，2013：35.

③ 刘国英. 视见之疯狂——梅洛-庞蒂哲学中画家作为现象学家［M］//孙周兴，高士明. 视觉的思想——"现象学与艺术"国际学术研讨会论文集. 中国美术学院出版社，2003：26-41。转引自张颖. 意义与视觉：梅洛-庞蒂美学及其他［M］. 北京：北京时代华文书局，2017：23.

④ ［英］约翰·伯格. 观看之道［M］. 戴行钺，译. 桂林：广西师范大学出版社，2015：15.

面而准确复刻世界所发明的一种人工技法。它要求以画家的眼睛为出发点，在对现实进行观察的基础上，通过特定的测量与计算手法对物体的大小、物体间的距离做出变形，以期将眼睛所观察到的景象如实投射在有限的画布上。梅洛-庞蒂认为，透视法最大的问题在于它割裂了画家与其所在世界的关系，忽视了画家在世存在的事实，而将其当作鸟瞰世界、独立世界之外的存在，从而赋予画家一种绝对的凌越性思维（penseé de survol）。梅洛-庞蒂关于在世存在的观点受海德格尔存在论思想的影响颇深，在后者看来，"世界不是一个与'此在'分离的客体，而是我们生于其中，与之发生生活联系的东西"①。对于画家来说，在世存在是其作为主体的前提，因此在绘画的过程中，画家始终脚踏"大地"，他不可能获得一种鸟瞰式全景视野。但透视法却忽视了这一点，"透视法提供的是程序，而非绘画"②。这一程序以笛卡尔《屈光学》（"La Dioptrique"）中的视觉模型为基础，即"根据已定的模式来建构可见者"③。它实则是胡塞尔所批判的自然主义态度的体现，也是梅洛-庞蒂提出的科学思维的操作方式，即"把所有的存在者当作对象一般来看待，好像它们对我们既不关痛痒，却又注定要为我们的人工巧计所用"④。概括而言，透视法是画家所设定的一系列人为规则与程序，它要求绘画如自然科学中的实验一样精密而准确，因此首先规定了种种变形的方法，再用这些方法表现世界，这是一种制图术，对于梅洛-庞蒂而言，这一方法如自然科学一样，所表现的都是被理智加工后的世

---

① ［澳］芭芭拉·波尔特. 海德格尔眼中的艺术［M］. 章辉，译. 重庆：重庆大学出版社，2016：29.

② Maurice Merleau-Ponty. Institution and Passivity：Course Notesfrom the Collège de France（1954—1955）［M］. Evanston：Northwest University Press，2010：45.

③ Maurice Merleau-Ponty. L'œil et L'esprit［M］. Paris：Éditions Gallimard，2006：27.（相比台译本，译文有所改动）.

④ ［法］梅洛-庞蒂. 眼与心［M］. 龚卓军，译. 台北：典藏艺术家庭，2007：72.

界，而非原初的世界。

塞尚表现原初世界的方式则是"重新回到自然"。不同于古典画家"以轮廓线、构图及光线的分布来划界"①的绘画技法，塞尚"尝试一片自然"②。这意味着画家需要重新界定自身与自然的关系，自然不再是摆在画家面前的对象（l'objet），而是荷尔德林意义上的"物"（la-chose）。"在人类中，在每一样东西上，人们首先看到的是，它是某物，这就是说，在其显现的手段上可以识别出它，它得以形成的方式能够被规定并传授。"③ 物与对象最显著的区别在于物的自发构形，梅洛-庞蒂因此评价塞尚："他希望描绘的是正在被赋予形式的物质，是凭借一种自发的组织而诞生的秩序。"④ 在提及古典画家时，塞尚评价他们"用想象以及伴随想象的抽象来代替真实性"⑤，古典画家通过透视法给予自然一个断面，置自身于"全知全能而永恒的天父"⑥角色，成为彻底外在于自然的存在者，因此画家用人为的构图法则代替物的自发构形过程，把自然当作一般对象来看待。

因此，透视法"给予我的不是针对世界的人的视觉，而是一个不会参与到有限之中的神灵以一种人的视觉可以拥有的认识"⑦。可以看出，这与塞尚对透视法的批判是一致的。

在古典主义之后兴起的印象派逐渐摈弃透视法，力图通过对色彩的使用凸显一种整体印象，但塞尚对此仍持批判态度，在他看来，印象派

① ［法］梅洛-庞蒂. 意义与无意义［M］. 张颖，译. 北京：商务印书馆，2019：8.
② ［法］梅洛-庞蒂. 意义与无意义［M］. 张颖，译. 北京：商务印书馆，2019：8.
③ ［德］荷尔德林. 荷尔德林文集［M］. 戴晖，译. 北京：商务印书馆，2003：262.
④ ［法］梅洛-庞蒂. 意义与无意义［M］. 张颖，译. 北京：商务印书馆，2019：10.
⑤ ［法］梅洛-庞蒂. 意义与无意义［M］. 张颖，译. 北京：商务印书馆，2019：8.
⑥ ［法］塞尚. 塞尚艺术书简［M］. 潘潘，译. 北京：金城出版社，2011：271.
⑦ ［法］梅洛-庞蒂. 眼与心·世界的散文［M］. 杨大春，译. 北京：商务印书馆，2019：278.

的技法消弭了所画事物的物性。1873—1874 年，塞尚在奥维尔成为印象派画家毕沙罗的学徒。与古典画家的技法不同，“印象主义希望在绘画中描绘出物体打动我们的视觉、冲击我们的感官的方式本身”①。印象派不再通过透视法对应自然，而是在对轮廓线消抹的基础上，利用色彩的并置与色调的分割，恢复“印象的普遍真实”②。对于塞尚而言，“印象派的启示是决定性的和彻底的”③。在毕沙罗的教导下，塞尚初次观看自然，并表现出了对自然的浓厚兴趣。在观看自然的过程中，他不是从单一、局限的视点出发，而是结合多重视点以把握自然的整体面貌。就此而言，印象派绘画所呈现的整体效果在某种程度上避免了透视法的片面复刻。但是，塞尚并未止步于毕沙罗教他的绘画技巧，从 1878 年之后，塞尚远离印象派，开始寻求新的绘画方式。在塞尚看来，尽管印象派恢复了印象的普遍真实，但“对大气的描画和对色调的分割模糊了物体，并使其自身的分量消失不见”④。具体来说，尽管印象派画家力图表现画家面对自然时的整体感受，但是在此过程中，由于对色彩及色调的过度使用，画家所力图描绘的物恰恰失去了自身的物性。物成为隐藏于光线背后的存在者，成为画面中的要素，在其他要素（如空气、色彩）的映衬下得以显现，而失去了其自身的“坚实性和物质性的印象”⑤，塞尚批评道：“印象派绘画一意沉醉在光与色的搬弄而模糊了造型，松散了结构。”⑥ 而他“希望返回物体，同时不抛弃以自

---

① ［法］梅洛-庞蒂．意义与无意义［M］．张颖，译．北京：商务印书馆，2019：7.

② ［法］梅洛-庞蒂．意义与无意义［M］．张颖，译．北京：商务印书馆，2019：8.

③ ［英］罗杰·弗莱．塞尚及其画风的发展［M］．沈语冰，译．南宁：广西美术出版社，2017：81.

④ ［法］梅洛-庞蒂．意义与无意义［M］．张颖，译．北京：商务印书馆，2019：8.

⑤ ［法］梅洛-庞蒂．意义与无意义［M］．张颖，译．北京：商务印书馆，2019：8.

⑥ ［法］塞尚．塞尚艺术书简［M］．潘襎，译．北京：金城出版社，2011：13.

然为模型的印象主义美学"①。按照深受梅洛-庞蒂赏识的另一位画家保罗·克利的说法，这是因为"对于艺术家而言，与自然的交流依然是最基本的条件。艺术家是人，他本身是自然的产物，是自然空间中自然的一部分"②。总而言之，塞尚既不认可古典画家将自身脱离自然、凌越世界之上而绘画的方式，也不赞成印象派在绘画中对物自身坚实性的忽视，塞尚的绘画是记录他作为主体存在于世界之中，在与自然交流的过程中描绘物的自发构形状态的尝试。

二、塞尚绘画中的知觉经验表达

在对古典画派与印象主义批判的基础上，塞尚返回物体的方式是通过知觉经验。对于塞尚而言，"实际的知觉经验不是对混乱无序的一堆知觉材料的素朴感觉，也不是我们的意识对视觉材料的明确组织，其中自有坚实可靠的东西，意义自那里诞生"③。这种知觉经验既不是主体对感觉材料刺激的机械接受，也不是由理智活动的主动加工形成，它是先于一切思维活动的被动综合，"被动综合不主动建构意义，而是恢复已存在却尚未明确的意义"④。但这并不意味着意义是先于主体而被预先规定的，相反，意义是作为可能性、作为一个开放的场域（champ）而存在的，只有通过知觉，主体才能获取意义的亚稳定结构的暂时结晶（cristallisation）。"知觉不再是对某些事物的一种占有，它应当是身体之

① ［法］梅洛-庞蒂. 意义与无意义［M］. 张颖，译. 北京：商务印书馆，2019：8.
② ［德］保罗·克利. 克利与他的教学笔记［M］. 周丹鲤，译. 重庆：重庆大学出版社，2011：7.
③ 张颖. 意义与视觉：梅洛-庞蒂美学及其他［M］. 北京：北京时代华文书局，2017：28.
④ David Morris. The Enigma of Reversibility and the Genesis of Sense in Merleau-Ponty［J］. Continental Philosophy Review，2010，43：141—165.

中的一个内部实践，它产生自这些事物对身体的作用。"① 在其中，事物自发构形，意义得以显现，"我在知觉中通达的是事物本身，因为人们能够思考的全部东西是'事物的含义'②，因为人们恰恰将知觉称作是这一含义借以向我揭示出来的活动"③。

通过知觉经验，塞尚描绘了事物在其经验中的自发构形过程。在知觉中，主体感知事物是在悬置对其一切规定的基础上，按其本来的面容（visage）来进行感知的。画家接受事物给予的整体感觉，并将这种感觉呈现出来，这种感觉包含着不可分割的感官丰富性，"在原初的知觉里，触与看的区分是未知的"④。这是一种整体的统觉，而非对相互分离的感觉所做的综合，因此，"我们看见物体的深度、光滑、柔软、坚硬——塞尚甚至说看见它们的气味"⑤。举例来说，当主体看到柠檬，或听到"柠檬"一词时，它椭圆的外观、粗糙的表皮、金黄的色泽、酸涩的口感、清新的味道是作为对柠檬的整体感觉而被把握的，主体无法将任一性质从这一整体中剥离。"物的统一性为它所有的性质所确立，每一个性质都是全部的这个物。"⑥ 塞尚所力图捕捉的正是这种感觉的原初整体性。在与爱弥尔·贝尔纳的对话中，塞尚表示："艺术是一种个人化的统觉，我将这种统觉放入感觉，并请理智把它组织到作品里。"⑦ 因此，塞尚在画物体时并不力求相似于所见物，而是要表现物

---

① ［法］梅洛-庞蒂. 行为的结构 ［M］. 杨大春，张尧均，译. 北京：商务印书馆，2010：280.

② 注：梅洛-庞蒂在此使用的法文词是 signification，译为含义、意义均可。

③ ［法］梅洛-庞蒂. 行为的结构 ［M］. 杨大春，张尧均，译. 北京：商务印书馆，2010：292.

④ ［法］梅洛-庞蒂. 意义与无意义 ［M］. 张颖，译. 北京：商务印书馆，2019：12.

⑤ ［法］梅洛-庞蒂. 意义与无意义 ［M］. 张颖，译. 北京：商务印书馆，2019：12.

⑥ ［法］梅洛-庞蒂. 知觉的世界：论哲学、文学与艺术 ［M］. 王士盛，周子悦，译. 南京：江苏人民出版社，2019：33.

⑦ ［法］梅洛-庞蒂. 意义与无意义 ［M］. 张颖，译. 北京：商务印书馆，2019：9.

在其境遇（milieu）中所呈现给画家的自发秩序（图3-4）。

图3-4 塞尚《曼西桥》（1879），巴黎奥赛美术馆收藏

在塞尚创作于1879年的绘画《曼西桥》中，曼西桥不是作为背景之中的对象而被表现出来的，它作为物而存在，作为"感官材料辐射的中心一下子呈现出来"①。塞尚在绘画中既没有运用透视法"远小近大"的构图规则，也没有将观者的目光集中于某一"消失点"，塞尚甚至没有基于固定的视点绘画，而是力图表现曼西桥这一物与其他物（树、水等）的相互融合、彼此渗透，以凸显它们之间的动态交织过程与事物之间形成的一种自发构形。塞尚是这个世界之内的行动者，而非这个世界之外的旁观者，他的绘画内在遵循了"行动的逻辑"，他是一个"在世行动者"②。这一区分非常重要，决定了塞尚在绘画中会抗拒某一特定的视角，特别是一种"凌越"于此在的上帝视角。"在知觉领域，物体是'真实'的，它显示为一系列不确定视角的无限总和，其

---

① [法]梅洛-庞蒂. 意义与无意义 [M]. 张颖，译. 北京：商务印书馆，2019：12.
② 郭晓，行动的逻辑与解释的逻辑——道德行为的原因、理由与解释 [J]. 浙江学刊，2020（02）：183—191.

中每一个视角都与它有关，但任何一个视角也不能将其穷尽。"① 塞尚利用粗线条的勾勒以及色彩的对照，消抹了物之间的界限及轮廓，因为对于自然中的物而言，其轮廓本身就是模糊的，当画家在观看桥时，是无法将桥的轮廓从桥这一物中单独剥离的，"一个真实的苹果的轮廓不是在其自身中可见的一条线"②，画家所看到的是作为整体的物，以及物之间形成的一种相互重叠的遮挡效果。塞尚的绘画展现的是一种"此在的混沌复合视角"，这一"在世行动者"的世界观不仅决定了其画作的基本视角，也决定了其画作的颜色呈现。

除了模糊的轮廓外，"在世行动者"塞尚对绘画中的颜色也给予了特别的关注。保罗·克利曾指出，"色彩是脑和宇宙的结合之处"③，在塞尚的绘画中，他不是根据眼前所见而为事物上色，而是在事物的不稳定运动——在持续的"行动"中，捕捉其产生的色彩。色彩不是作为事物的属性而呈现，正如观者无法把白色从白墙中分离出来一样，色彩也不是作为不变量而呈现，因为在不同的光照下，色彩会有所变化，在塞尚眼里，色彩因运动而产生，因行动而变化。事实上，色彩就是事物自身物性的体现，就是存在自身多维度的显现，它对应着存在的运动，伴随着这一运动而发生变化，"色彩的变化总是与平面的运动相呼应，他总是通过大量不同的修正来努力追踪这一呼应，而这些修正依赖于实际观察结果中的固有色变化"④。实际上，不止塞尚将自己视为"在世行动者"，他的绘画对象也都是一个个"在世行动者"。

---

① ［法］梅洛-庞蒂. 知觉的首要地位及其哲学结论［M］. 王东亮，译. 北京：生活·读书·新知三联书店，2002：11.

② James Gordon Place. The Painting and the Natural Thing in the Philosophy of Merleau-Ponty［J］. Cultural Hermeneutics，1976，4（1）.

③ ［法］梅洛-庞蒂. 眼与心［M］. 龚卓军，译. 台北：典藏艺术家庭，2007：124.

④ ［英］罗杰·弗莱. 塞尚及其画风的发展［M］. 沈语冰，译. 南宁：广西美术出版社，2017：88.

梅洛-庞蒂在他提及绘画的论述中，将颜色看作存在自身的显现。这一观点是在对笛卡尔理论批判的基础上形成的。笛卡尔在其对绘画的为数不多的探究中，将颜色看作一种装饰，"笛卡尔认为色彩不过是边饰，按图上色，绘画的力量在于其素描，就像投射法所示，素描的力量又存在于空间自身与素描之间的规律关系"①。对颜色的轻视基于笛卡尔自身的视觉哲学，即将外部事物看作投影于人眼视网膜上的图像，从而将绘画看作这一投影效果的复现，其目的是表象不在场的事物。相比塞尚作为"在世行动者"，笛卡尔可以被视为"出世旁观者"。对于笛卡尔而言，如实勾勒事物的轮廓是绘画的首要任务，如此，观者才能在看到绘画时，产生关于所绘事物的影像（image）。但对于梅洛-庞蒂而言，由于"每幅绘画都是维度性的创造"②，而这种维度性作为存在的显现，可由构成绘画的多种要素体现出来，"存在着线条、明暗、色彩、轮廓、质料的逻各斯，某种普遍大写存有的无概念呈现"③。对于塞尚而言，呈现维度性的要素之一便是被笛卡尔所忽视的颜色。

塞尚绘画中的颜色不是相互分离、用以装饰物体的附属，而是彼此间相互呼应、体现物性的要素。正如画家雷诺阿将大海的蓝色变成《洗衣妇》中小溪的蓝色一样，在《曼西桥》中，树叶的绿色成为水的绿色，桥体的褐色成为树干的褐色，"塞尚认定，创作一幅风景画就像创作一首交响乐曲一样——通过色彩'调音'和运用对照法创作'和声'，而不是单纯教条地使用明暗对照法"④。乐曲的曲调不存在于任何一个音符中，而是存在于由音符构成的总体中，它依靠音符间的差异关

---

① ［法］梅洛-庞蒂. 眼与心［M］. 龚卓军，译. 台北：典藏艺术家庭，2007：104.

② Maurice Merleau-Ponty. Notes des Cours au Collège de France，1958—1959 et 1960—1961［M］. Paris：Éditions Gallimard，1996：52.

③ ［法］梅洛-庞蒂. 眼与心［M］. 龚卓军，译. 台北：典藏艺术家庭，2007：127.

④ ［意］罗伯特·伯纳贝. 几何之美：塞尚作品赏析［M］. 安雨帆，译. 北京：北京时代华文书局，2018：110.

系而形成，简单的音符叠加无法形成乐曲，对于塞尚的绘画而言亦是如此，"颜色的运动不是消极的叠加，而是彼此大声呼应，在相应的辉映和滋润下存活"①。塞尚绘画中的颜色不是为单独的物体上色，而是要表现一种整体效果——所有的"在世行动者"相互作用、相互影响、相互融合，以通过颜色来捕捉事物的成形状态，"如果画家想要表现世界，对颜色的安排就将只是暗示出事物，而不会给出事物的绝对统一性、当下在场以及不可逾越的完满性，这完满性对于我们所有人来说就是真实物的定义"②。这也是塞尚反对印象派对色彩使用的理由，印象派画家一味强调色调的变化，却让色彩的使用浮于表面，成为一种绘画手段，而忽视了物体的样貌与世界的运动。印象派画家相当于"在世旁观者"——虽然也"在世"，却是跟笛卡尔视角一样在"旁观"。而唯独塞尚做到了"在世"且"行动"。对此，梅洛-庞蒂评价道："塞尚的天才之处在于，通过画面的整体安排，让那些透视变形在统观画面的人眼中就它们自身而言不再可见，并让它们就像在自然视觉中所做的那样，仅仅有助于提供的印象是一种诞生中的秩序，正在我们眼前显现、堆积的一个物体。"③ ——塞尚的画作中存在各种"行动"，存在生命之流。

三、深度作为存在的显现

塞尚绘画中的深度是展现存在多维度性的另一重要因素。学者保罗·克劳瑟指出，"审美介入通过将三维现实适应于平面结构而起作用，这是绘画本体论的基础，梅洛-庞蒂对绘画、对塞尚的论述，只有

①　[法] 保罗·克洛岱尔. 倾听之眼 [M]. 周皓，译. 上海：华东师范大学出版社，2018：103.
②　[法] 梅洛-庞蒂. 意义与无意义 [M]. 张颖，译. 北京：商务印书馆，2019：12.
③　[法] 梅洛-庞蒂. 意义与无意义 [M]. 张颖，译. 北京：商务印书馆，2019：11.

通过参考这点时才是完整的"①。对于所有画家来说，将三维的现实适应于平面的画布是在绘画时首先需要面对的问题。古典画家通过使用透视法、虚实对比、视错觉来形成绘画的景深，以期赋予二维的绘画以立体性。但梅洛-庞蒂提出的深度概念是不同于传统绘画中的景深的，它不是类似宽度、高度的几何维度，也不可被缩减为绘画中点到点之间的距离。由于受海德格尔的影响，梅洛-庞蒂将艺术与存在（être）联系起来，而"深度、颜色、形态、线条、运动、轮廓、容貌都是存在的分支"②。因此，深度是一种存在的原型，是一种量感（voluminosité），是存在自身多样态的显现。在《可见的与不可见的》中，梅洛-庞蒂也指出，"线条、画笔笔触和可见作品都只是心灵谕示整体运动的痕迹，这种运动走向整个存在，既可以通过线条的表达法，也可以通过色彩的表达法，既可通过我的表达法，也可通过其他画家的表达法来表达"③。

在塞尚的绘画中，深度作为一种表达，是揭示行动者存在多样态的方式。梅洛-庞蒂在《眼与心》中引用艺术家贾科梅蒂评论塞尚的话，"我相信塞尚终其一生都在找寻深度"④，来说明深度在塞尚绘画中的重要地位。深度作为一种量感，它既允许物有被看到的一面，也允许物有不被看到的一面。"塞尚的绘画，对深度来说是真实的，它通过调节后的颜色以及指示一些轮廓来遵从对象的量感，这种灵活的风格方式以对象出现在知觉自身中的样貌来捕捉对象的形状。"⑤ 简而言之，在知觉

① Paul Crowther. The Phenomenology of Modern Art ［M］. New York：Continuum, 2012：128.
② Maurice Merleau-Ponty. L'œil et L'esprit ［M］. Paris：Éditions Gallimard, 2006：59.（相比台译本，译文有所改动）。
③ ［法］梅洛-庞蒂. 可见的与不可见的 ［M］. 罗国祥，译. 北京：商务印书馆，2018：267.
④ ［法］梅洛-庞蒂. 眼与心 ［M］. 龚卓军，译. 台北：典藏艺术家庭，2007：121.
⑤ Paul Crowther. The Phenomenology of Modern Art ［M］. New York：Continuum, 2012：114.

经验的基础上，画家所呈现在画布上的绘画展现了存在的深度，打开了存在的场域。这意味着画家不是独立于世界、独立于存在的主体，而是立足世界，在世界中存在，并通过自己的绘画展现存在的主体——在世行动者。

画家所承担的角色也绝非萨特所说的"把颜色-客体搬到画布上去，他让它受到的唯一改变是把它变成想象的客体"①。而是如利奥塔所说的："人们绘画、人们写作，不是为了再现、复制那里呈现的东西，而是为了展示不可见者。"② 对于塞尚而言，他的绘画不是对眼前事物的客观呈现，而是通过展示"亚稳定会结晶为一个单独的视觉图像"③，以揭示存在未被结晶的多样形态。在梅洛-庞蒂看来，塞尚的尝试之所以可能，是由于可见的与不可见的绝非二元对立的关系，而是可以相互转化的。正如观看立方体时，由于主体的位置不同，看到的立方体外观也彼此相异，但只要更改自己的位置，便可以从不同的视角观看立方体，在某一位置对于主体来说不可见的部分，更换位置之后，便成为可见的部分。而塞尚的绘画便是一种揭示不可见的尝试，其方式便是通过对可见的进行描绘，从而通过深度的表达打开存在的场域。

以塞尚的静物画为例（图3-5），在画中，盘子呈椭圆形，它被放置在桌子上，但观者无法区分出盘子与桌子各自的界限在哪里，苹果与桌布也是如此，苹果不是被放在桌布之上的，而是被桌布所包裹，呈现为一种整体的效果，呈现出观者在实际看到事物时，事物的样子。塞尚画中的苹果"完全不再是可食性的，它们变成真真切切的物，在它们

---

① ［法］让-保尔·萨特. 什么是文学？［M］. 施康强，译. 北京：人民文学出版社，2018：5.

② ［法］让-弗朗索瓦·利奥塔. 肉身公式［M］//白轻，译. 汪民安. 褶子. 开封：河南大学出版社，2018：327.

③ Donald A landes. Merleau-Ponty and the Paradoxes of Expression［M］. New York：Bloomsbury Academic，2013：163.

图3-5　塞尚,《一篮苹果》(1892),
美国芝加哥美术协会收藏

坚定的异质性中坚不可摧"①。画中的苹果体现的是作为物的苹果的苹果性,而非日常生活中可食苹果的表象。法国文学评论家博纳富瓦对塞尚的绘画评论道:"它所追求的东西,一言以蔽之,进入表象之下的表象。"② 因此,塞尚没有像印象派画家一样,故意回避物体的轮廓线,而是在绘画中使用了模糊的轮廓线,他并不是要清晰地标识出物体的外形,不是要划分物体与空间的界限,而是动态地表现物体。通过模糊的轮廓线,打开一个新的场域,以让观者能进入表象之下的表象,进入存在的场域。对于塞尚而言,苹果不是静止地位于(dans)空间之中,而是和空间在一起(avec),共同处于不断的运动之中。塞尚的绘画"是

---

① ［奥］里尔克. 观看的技艺:里尔克论塞尚书信选［M］. 光哲,译. 北京:商务印书馆,2019:70—71.

② ［法］让-吕克·南希. 素描的愉悦［M］. 尉光吉,译. 开封:河南大学出版社,2016:4—5.

（画家）对与世界、与事物、与其他人的动态相遇的描绘"①。于是，不仅画家在绘画的过程中是运动的，这体现在他可以自由选择视点，调整身体姿势，正如梅洛-庞蒂在《塞尚的怀疑》开篇说道："对他（指塞尚）来说，完成一幅静物画需要画 100 次，完成一幅肖像画需要摆 150 个姿势。我们所谓的他的作品，对他来说不过是其绘画的尝试和接近。"② 画家每一次的视点或姿势的变动都意味着一种新的行动者参与世界的方式，因为"每种局部行为都会引起整体的震荡，激起一种偏离，而它又被其他要素所弥补"③。正如银河系中每一颗星球的变化都会震动银河系这一整体的平衡一样，这种变化会立刻被新的平衡体系所代替。同时，画家所在的世界、所看到的事物也是处于运动中的，这种动态生成不断吁求着画家参与其中。这种双向的运动是一种回响的运动，关于深度的运动，它"不是在空间中朝向另一位置的运动，也不是在时间中朝向另一瞬间的运动，而是一种倒折、内陷的运动"④。它是存在自身的运动，是存在多维度的展现。在运动中，画家与所画事物的关系不再是古典派绘画中主体与客体的关系，而是不断处于对话状态的平等关系。

对话关系意味着画家与所画事物之间的动态交流，意味着画家与所画事物均是在世的行动者。在存在的运动中，对于在世行动者塞尚来说，他既是观看者，也是被看者，他在观看世界、观看事物的同时，也接受着来自同样是在世行动者的事物的凝视。梅洛-庞蒂曾引用画家安

---

① Joyce Brodsky. A Paradigm Case for Merleau-Ponty: The Ambiguity of Perception and the Paintings of Paul Cézanne [J]. Artibus et Historiae, 1981, 2 (4).

② [法] 梅洛-庞蒂. 意义与无意义 [M]. 张颖，译. 北京：商务印书馆，2019：3.

③ Maurice Merleau-Ponty. Institution and Passivity: Course Notesfrom the Collège de France (1954—1955) [M]. Evanston: Northwest University Press, 2010：47.

④ Jessica Wiskus. The Rhythm of Thought: Art, Literature and Music after Merleau-Ponty [M]. Chicago: The University of Chicago Press, 2013：58.

德烈·马尔尚的话来表达此观点："在一片森林里，有好几次我觉得注视森林的不是我。有好几天，我觉得树群在注视着我，在对我说话……而我，我在那儿倾听着……我认为，画家应该被宇宙所穿透，而不要指望穿透宇宙……我静静等着内部被浸透、埋藏。也许，我画画就是为了突然涌现……"① 在梅洛-庞蒂看来，画家的视觉是"不断地分娩"②，他所展示的是自身与事物、与存在之间的不断生成的关系，这是一种永无止境的探究（interrogation），它体现在塞尚绘制的"30 余幅自身肖像画中，40 余幅塞尚夫人的肖像中，35 余幅塞尚儿子的画像中，60 余幅对圣维克多山的描绘中"③。瓦莱里曾说道："万物都在盯着我们，可视世界是恒久的兴奋源，它召唤、孕育着我们把经视觉构建的人和物的形态创作出来的冲动。"④ 塞尚所谓的"风景在我身上思考，我是它的意识"⑤，所表达的也是画家与事物之间、与世界之间的动态交织关系。当画家"完成"一幅画之后，这一绘画自身也是一种开放的运动，它记录的是画家与可视世界发生关联的一系列过程。"绘画是一种运动，一种萌生在痕迹（apparence）中的运动，它通过痕迹被决定，而绝不是由理智所决定。"⑥ 需要注意的是，"'完成'的作品并非是像事物一样自在（en soi）存在的作品，而是触及它的观看者，诱导观看者采取产生作品的姿势而越过其中间状态，除了被创造出来的线条运动之外，

---

① ［法］梅洛-庞蒂. 眼与心［M］. 龚卓军，译. 台北：典藏艺术家庭，2007：90.

② ［法］梅洛-庞蒂. 眼与心［M］. 龚卓军，译. 台北：典藏艺术家庭，2007：91.

③ Joyce Brodsky. A Paradigm Case for Merleau-Ponty：The Ambiguity of Perception and the Paintings of Paul Cézanne［M］. Artibus et Historiae，1981，2（4）.

④ ［法］保罗·瓦莱里. 德加，舞蹈，素描［M］. 张洁，张慧，译. 上海：华东师范大学出版社，2018：130.

⑤ ［法］梅洛-庞蒂. 意义与无意义［M］. 张颖，译. 北京：商务印书馆，2019：15.

⑥ Maurice Merleau-Ponty. Notes des Cours au Collège de France，1958—1959 et 1960—1961［M］. Paris：Éditions Gallimard，1996：56.

再无其他指引"①。在塞尚的绘画中，这种线条是一种模糊的、呈纤维状的弧线。

除了塞尚的绘画能揭示这种召唤结构之外，在《眼与心》中，梅洛-庞蒂指出，拉斯科（Lascaux）壁画中的动物也具有这一功能。"我很难说出我所注视的图画到底在哪里，因为我并不像注视事物似的去注视它，我不让它固着在它的地点，我的凝视在它上面游走，就如同在大写存有的光环中游走，与其说我看它，不如说我随着它看。"②遵从着乔治·巴塔耶的"耗尽"（la consumation）原则，被他称作艺术奇迹的拉斯科壁画，在观看的过程中，观者能"感觉到它内部跳动与活跃着的事物，我们的内心被它感染，被它唤醒，仿佛置身于舞蹈韵律的共鸣之中，这热烈的动感散发着壁画之美，这是个体与周围世界的自由交流"③。可以看出，无论是塞尚的绘画还是拉斯科壁画，均不满足将观者的目光停留于绘画的二维平面上，而是打开存在的场域，吁请观者参与其中，参与到与世界的动态互动关系之中。

四、结语

对于塞尚而言，"他要展示一个过程，在其中，感觉注入经验到的风景与其他物体的形成之中"④。这一过程，在梅洛-庞蒂看来，是塞尚捕捉运动中的世界在其经验中暂时结晶的尝试。塞尚批判古典主义画家用抽象性取代事物的真实性，也不认可印象派过度强调色彩的使用而忽

---

① Maurice Merleau‐Ponty, Édition établie par Claude Lefort. Œuvres［M］. Paris：Éditions Gallimard，2010：1479.
② ［法］梅洛-庞蒂. 眼与心［M］龚卓军，译. 台北：典藏艺术家庭，2007：84.
③ ［法］乔治·巴塔耶. 艺术的诞生：拉斯科奇迹［M］. 蔡舒晓，译. 重庆：西南师范大学出版社，2019：202.
④ Taylor Carman, Mark B. N. Hansen edited. The Cambridge Companion to Merleau‐Ponty［M］. London：Cambridge University Press，2005：294.

视物自身坚实性的方法，他通过一种整体的、原初的知觉经验与世界相联系。作为在世存在的主体，塞尚从未割裂自身与自然的交流关系，正如野兽派画家亨利·马蒂斯所言："艺术是模仿自然的，也就是通过富于创造性的作者把生命力灌注于作品之中来模仿自然。"① 在塞尚的绘画中，自然中的物既具有其自身的坚实性，也能与画家相互作用。塞尚的绘画不是对眼前所见的复制，不是对视觉经验的再创，而是捕捉被知觉事物的自发形成秩序。塞尚通过物之间模糊的轮廓、色彩的变化，在画布上呈现出一种整体效果，以展示存在的多维度，并揭示在二维绘画平面之下的世界运动之流，在其中，事物均处于节奏之中，而画家也是这运动之流中的一部分。正如保罗·克利在教导学生时所说的话一样，塞尚"不仅仅是记录客观事物的表面……必须认识到他是'地球之子'，同时亦是宇宙之子、是万星之星"②。而作为主体的在世存在恰是梅洛-庞蒂现象学的必要前提。因此，尽管梅洛-庞蒂与塞尚在描述世界时采用了不同的方式，但二者的追求是一致的，正如万花筒可以形成无数的排列组合，存在也可被结晶为不同的面容，梅洛-庞蒂与塞尚均是意在通过自身的哲学/绘画表达，展示存在的一种可能性，而为其读者/观者打开存在的可能性场域。

---

① ［法］让-吕克·南希. 素描的愉悦［M］. 尉光吉，译. 开封：河南大学出版社，2016：136.
② ［德］保罗·克利. 克利与他的教学笔记［M］. 周丹鲤，译. 重庆：重庆大学出版社，2011：7.

第三节 使不可见成为可见
——论现象学视域下的保罗·克利

相较于对保罗·塞尚及其绘画的长篇论述，梅洛-庞蒂对保罗·克利的讨论是零散而简短的。这些讨论集中在 1958 年至 1959 年开设于法兰西学院的课程以及出版于 1960 年的著作《眼与心》之中。究其原因，是由于克利的四卷本教学笔记于 1959 年才在法国得以翻译出版，而梅洛-庞蒂在 1961 年便因心脏病突发而骤然离世。尽管如此，克利对绘画的论述在很大程度上影响着梅洛-庞蒂自身的哲学观念，尤其涉及可见与不可见的关系之时，因此，学者盖伦·A.约翰逊将克利看作"梅洛-庞蒂论文中强有力的新声音"①。这也说明了二者绘画理念的诸多相通之处。

梅洛-庞蒂始终强调主体的在世存在（être au monde），强调世界是主体存在的土壤（sol）与根基（racine），基于此本体结构，主体才能形成不同的视域（horizon），才能以不同的方式与世界发生联系，可以说，正是视域锚定了主体的所有观念与行动。而克利在其教学中，之所以强调艺术家是"地球之子""宇宙之子""万星之星"，同样是出于对艺术家本体论地位的重视。对于梅洛-庞蒂而言，主体的视域既是主体与世界打交道的特定方式，也是主体与世界交流时不可避免的固化限制。正如一个人永远不能在一个位置看到正方体的全貌，他只有不断地变换位置，才能观测到不同角度之下的正方体样态，从而形成关于正方

---

① Galen·A·Johnson. The Colors of Fire: Depth and Desire in Merleau-Ponty's "Eye and Mind" [J]. Journal of the British Socirtyfor Phenomenology, 1994, 25: 1.

体的整体性观念。"视觉总是受限的，因为在我当前的视觉中，总有一个物体的视域是不能被看到、不可见的，视觉总是固定于某一特定场域。"① 对于主体而言，他也必须在自己不断更新的行动中，不停地转换视域，以窥探世界的不同样貌。基于此，梅洛-庞蒂指出，"人是一种宇宙因素，但也是所有的宇宙因素在此通过永无完成的转换来改变意义并成为历史的场所"②。主体每一次的转换都意味着与世界联系的变更，不同的意义因此得以涌现（surgir），而"如此的涌现不把什么东西归于任何的使用或感知，除了它的到来，它的突如其来"③。对于画家而言，他必须通过绘画完成此种转换，通过绘画来展示意义的涌现。这就要求绘画不能仅仅满足描绘画家当下视觉的可见之物，因为这会石化处于运动之中的世界，而应该通过转换，使"世俗视觉所以为不可见的事物，变成可见的存在"④。事实上，在《思考中的眼睛》（"The Thinking Eye"）一书中，克利就曾表示："艺术不是再现可见而是制造可见。"⑤ 因此，在克利的绘画中，梅洛-庞蒂看到了可见与不可见之间的转换。

一、艺术家与自然

在克利看来，"对于艺术家而言，与自然的交流依然是最基本条

---

① Maurice Merleau-Ponty, Édition établie par Claude Lefort. Œuvres [M]. Paris: Éditions Gallimard, 2010: 906.

② [法] 梅洛-庞蒂. 哲学赞词 [M]. 杨大春, 译. 北京: 商务印书馆, 2019: 34.

③ [法] 让-吕克·南希. 素描的愉悦 [M]. 尉光吉, 译. 开封: 河南大学出版社, 2016: 145.

④ [法] 梅洛-庞蒂. 眼与心 [M]. 龚卓军, 译. 台北: 典藏艺术家庭, 2007: 87.

⑤ Paul klee. Paul Klee Notebooks: Volume 1 The Thinking Eye [M]. London: Lund Humphries Publishers, 1961: 76.

件。艺术家是人，他本身是自然的产物，是自然空间中自然的一部分"①。在克利创作的 9000 余幅作品中，自然始终是其创作的母题之一。可以说，在克利的绘画中，自然是他作为艺术家得以存在的根基与土壤。但是，克利对自然的表达并非如古典画家一样，采用透视法在画布上对所见之物进行精确复刻，而是将自己作为一种转换介质，对自然进行重构。"克利极力地试图就画家的世界去重组自然世界，或用人类自己的能力去绘画地构思自然世界。"② 这不是对自然的歪曲，而是主体在与自然互动交流的过程中，依靠其肉身存在参与世界的表达。这是一种双向的动态交互作用，与透视法将画家的视觉作为统摄万物的出发点不同，对于克利而言，"眼睛不仅仅服务于视觉，它更多的是作为一种用作短暂通道的器官，在其中，所有的知觉模式都相遇了"③。这意味着眼睛不仅要作为视觉工具起作用，它更大程度上是梅洛-庞蒂意义上的"肉眼"（l'œil charnel），一种灵魂之窗，能够使万物的明显可见性"以一种私密的可见性在我的身体中副本化"④。眼睛在此作为一种转换工具，它一方面不断地将自然传递给主体的肉身存在；另一方面又不停地将主体的肉身存在重置于自然之中，借此，自然与主体在主体的肉身中得以一次次相遇。这一过程既暗含着主体对自然所做的持续变形，也包括了自然对主体的不断重塑。"艺术作品的创造，必须作为进入绘画艺术的特定维度的结果，必须伴随着对自然形式的变形，在其

---

① [德] 保罗·克利. 克利与他的教学笔记 [M]. 周丹鲤，译. 重庆：重庆大学出版社，2019：7.

② Elle Marsh. Paul Klee and the Art of Children：A Comparison of Their Creative Processes [J]. College Art Journal，1957，16（2）.

③ Gottfried Boehm. Genesis：Paul Klee's Temporalization of Form [J]. Research in Phenomenology，2013（43）.

④ [法] 梅洛-庞蒂. 眼与心 [M]. 龚卓军，译. 台北：典藏艺术家庭，2007：83.

中，自然得到重生。"① 因此，克利眼中的自然不是自然科学意义上被当作普遍对象的客观存在物，而是加斯东·巴什拉眼中"带有转化力量的自然，是与人的价值呼唤共同构造起来的，这是一种人文化成的自然"②。此种对自然的重塑与造就便是艺术家的特权。

克利曾以自然中的树为例，来比喻艺术家与自然的关系。树在生长过程中要不断地从根部吸收营养，但是，树根并不能预设树最后长成的形态，枝干的分叉、树冠的形状、叶片的走向等均无法凭借树根的形象而被确证，这是因为树在生长的过程中进行了转换。而艺术家便扮演着树干这一转换性的角色。"汁液从根部流向了艺术家，流过他，流入他的眼中，这样他就充当着树干的角色。受这种流动之力的冲击与震动，他将自己的视觉塑造到作品之中。"③ 作为艺术家，克利将自己置入自然之中，其身体成为自然与自身得以沟通的场所。艺术家与自然不再是看与被看的关系，而是"不可避免地出现了角色的互换"④。艺术家在观看自然时，自然也在注视着艺术家。克利眼中的自然因此具有了一种主动的、动态的性质，它是绘画的源泉，它"总是张开眼睛而带着一种主动的好奇心活着"⑤。

以克利创作于 1938 年的《卢附近的公园》（图 3-6）为例：

---

① Paul Klee. Paul Klee on Modern Art［M］. London：Faber and Faber Limited，1966：19.
② 黄冠闵. 在想像的界域上——巴修拉诗学曼衍［M］. 台北：台湾大学出版中心，2014：197.
③ Paul Klee. Paul Klee on Modern Art［M］. London：Faber and Faber Limited，1966：13.
④ ［法］梅洛-庞蒂. 眼与心［M］. 龚卓军，译. 台北：典藏艺术家庭，2007：90.
⑤ 黄冠闵. 在想像的界域上——巴修拉诗学曼衍［M］. 台北：台湾大学出版中心，2014：294.

图 3-6　卢附近的公园

从绘画的标题来看，克利描绘的是一幅公园的场景，但他笔下的公园是经过转换与变形的公园。克利强调艺术家进行创作时，必须具有一种整体性的意识，因此在呈现公园时，他不是从某一特定的角度进行观察，并在此基础上对视觉空间做出分割，而是转换视觉的锥体透视方式，使眼睛游牧于自然之中，从而扩大绘画空间。克利通过线条及色彩的使用来重组公园，弯曲的线条既像公园中分岔的道路，又像树木的枝干，或者被抽象化的公园中的人，线条不同走向之间的配合使得整个画面具有了一种动态的性质。"如果一位画家成功地从对象的所有维度展示了它，与只从可见维度描绘对象的画家相比，他就是在完成一幅更高级的作品。"① 克利画笔下的公园正是此种多维度的展现，线条的配合最终指示出了一条动态之线，将观看者带入公园之中，参与世界的运动

---

① 　Rainer Crone&Joseph Leo Koerner. Paul Klee：Legends ofthe Sign ［M］. New York：Columbia University Press，1991：29.

之中，可以说，正是克利具备的复眼多面视觉意识，才使得其绘画空间得以敞开。甚至当观看者看到这幅作品时，位于画面中心的两个圆点仿佛一双眼睛，也在看着观看者，"甚至在眼睛之间还有鼻子，一个小小的黑色阿拉伯花饰位于黑点之间，它秘密地等待着我们，并形成了自我意识，对于我们而言，我们成为被注视的人"①。因此，看者与被看者的位置出现了翻转。就克利的这幅作品而言，他并非要向观看者传递意义或特定的主题，也不是要描绘公园的外观，而是通过公园展现一个"创建中的自然"②（nature naturante）、一个处于过程中的自然。当观看者观看这幅经艺术家转换后的作品时，他不会停留于绘画表面，而是跟随着动态之线的指示，被带入更深层的自然之中，这种自然也因观看者自身视域的不同而各有所异，这是存在自身多样性的显现。如此，在观看这幅作品时，观看者实则被纳入"大写存有的吸纳和呼出，以至于我们再也难以区分是谁在看、谁被看，是谁在画，又是谁被画"③。

　　由此，绘画不再是对事物的简单描摹，同哲学一样，它是打开存在场域的方式之一，在此意义上，梅洛-庞蒂将绘画看作哲学的一种类别。在其 1958 年至 1959 年的课程中，梅洛-庞蒂在涉及绘画的部分时引用了克利的话："绘画不是抽象的，但它是绝对的，因为它找到了一个无法被科学和日常所理解的存在的位置。"④ 科学和日常所经验的事物总是经过了特定概念模型的加工与解释，而克利通过绘画所找到的这

① Galen · A · Johnson. The Colors of Fire: Depth and Desire in Merleau-Ponty's "Eye and Mind" [J]. Journal of the Britsh Socirtyfor Phenomenology, 1994, 25: 1.

② Maurice Merleau-Ponty. Notes des Cours au Collège de France, 1958—1959 et 1960—1961 [M]. Paris: Éditions Gallimard, 1996: 56.

③ ［法］梅洛-庞蒂. 眼与心 [M]. 龚卓军，译. 台北：典藏艺术家庭，2007：90—91.

④ Maurice Merleau-Ponty. Notes des Cours au Collège de France, 1958—1959 et 1960—1961 [M]. Paris: Éditions Gallimard, 1996: 56.

一位置便是一种前客观化的原初存在，"克利对事物在被知道之前，在被认知解释之前，在被表征与相关意义占据之前是如何存在的十分感兴趣"①。这一位置是主体凭借其知觉与自然相互作用而获得的，这是一种感性的方式，而不是理智加工的结果。当画家绘画时，他所经验到的自然已经被包含在具身的自我之中，因此，画家的手"仅仅作为一种遥远意志的工具，因为它给予了自然想说却尚未说出的东西"②。正是主体与自然的这种交织（entrelacs）关系，确保了绘画中可见与不可见的相互转换。当绘画作为一种揭示交织关系的方式时，它就不再是静止且固定的，而是一种动态"传递的现象，一种多维的投射，一种增殖、预言、神秘的隐喻"③。基于此，梅洛-庞蒂将画家的视觉看作不断地分娩。

正如保罗·克洛岱尔所言："绘画从此不再是仪式性和装饰性的，而是不带任何先入之见，开始关注思想性的对象，把复杂的情感或者说同时涌现的语句汇编成集，通过这些线条和颜色的语句，万物在互相渗透中开始释放出意义。"④ 而线条与颜色正是克利绘画中两项重要的形式要素。

二、绘画中的形式要素——线条与颜色

在《眼与心》的第四部分，梅洛-庞蒂对绘画中的线条与颜色做了大量分析，他频繁引用克利的观点进行佐证。在梅洛-庞蒂看来，线条

---

① Ariane Mildenberg. Modernism and Phenomenology［M］. London：Palgrave Macmillan, 2017：91.

② Maurice Merleau-Ponty. Notes des Cours au Collège de France, 1958—1959 et 1960—1961［M］. Paris：Éditions Gallimard, 1996：56.

③ Paul Klee. Paul Klee［M］. New York：Parkstone Press International, 2011：153.

④ ［法］保罗·克洛岱尔. 倾听之眼［M］. 周皓，译. 上海：华东师范大学出版社, 2018：62.

与颜色均是展示存在深度的方式,是开启一切的钥匙,是通达运动的密码。塞尚、马蒂斯、贾科梅蒂、罗丹等艺术家均是通过不同的艺术方式揭示存在自身之奥秘,对于克利而言,他是通过线条与颜色的使用来达到这一目的。

(一) 线条

在克利的绘画中,线条作为一种形式要素发挥着重要作用。克利对线条的使用并非如古典画家一样,将其当作事物的固有属性看待,并用其勾勒和圈定物体的轮廓,亦非如抽象表现主义一样,完全脱离具象,而是在参照事物的基础上做出变形,以指示运动之痕迹。克利受塞尚影响深远,他将塞尚看作自己在绘画上的老师。如果说,塞尚的绘画是要表达动态的世界在自己经验中的暂时结晶状态,那么克利意欲表达的便是这一动态世界本身。正如流星划过天际会在人眼中形成一道运动痕迹一样,"我们的视觉借助轮廓线所获得的形式,是由我们的双眼对于运动的感知能力产生的,而我们具有共轭特点的眼睛能够使纯粹的视觉得以存留,这种具备了存留特性的运动就是线条"[①]。在此意义上,克利的线条指示着运动本身。克利对运动的强调缘于他对事物本体论的认识。在他看来,"任何事物都具有动态的本质"[②],这种动态可分为宏观的动态与微观的动态。前者涉及宇宙的运动,克利始终强调一种宇宙生成论(cosmogenesis),他将混沌(chaos)看作宇宙的原初状态,在其中,宇宙的各要素相互影响,不断生发意义,正如哲学家罗杰·培根所言:"宇宙从每一个点都在向所有方向的光线及种相散发影响,所以每个点本质上都是主动的中心,一种向整个宇宙发送种相的眼睛,它也从

---

① [法] 保尔·瓦雷里. 德加,舞蹈,素描 [M]. 杨洁,张慧,译. 上海:华东师范大学出版社,2018:64.

② Paul klee. Paul Klee Notebooks:Volume 1 The Thinking Eye [M]. London:Lund Humphries Publishers,1961:5.

整个宇宙接收着全部种相。"① 这就使得宇宙自身处于一种不断生成的动态之中。而微观的动态则包括细胞的分裂、粒子的运动等，这些借助特定仪器才能观察到的现象证实了所有的生成均是基于运动。绘画作为一种二维平面艺术形式，要展现这一运动是极其困难的，而克利在绘画中通过线条的运用达成了这一目的。

他对线条的使用是特殊的，在他看来，"线条不必继续模仿可见者，而是使得可见，它是事物发生状态的图样"②。克利的好友——画家瓦西里·康定斯基也指出，"几何线条是不可见的事物，它是由移动的点形成的痕迹，它是点的产物，它由运动形成"③。因此，克利的线条不是为了描绘可见，不是为了勾勒物体轮廓，而是成为梅洛-庞蒂意义上的"发生轴线"（axe génerature），其自身就具备一种创生性力量，它可以自我延伸、自我构形。克利在描述其艺术创作时曾表示，要"带着线条去闲逛"④。不同于有目的的散步，闲逛带有一种明显的无目的性与游戏的意味，这是一种画家追随着线条的运动而绘画的方法，是画家作为遥远意志的工具进行创作的形式。梅洛-庞蒂引用画家亨利·米肖的话来形容克利的线条："任由线条发想。"⑤ 这突出的也是线条自身具备的生成之力。

以克利创作于 1930 年的绘画《兄弟姐妹》（图 3-7）为例：

① Margaret Plant. Paul Klee's Perspectives [J]. Australian Journal of Art, 1986, 5：1.
② ［法］梅洛-庞蒂. 眼与心 [M]. 龚卓军，译. 台北：典藏艺术家庭，2007：128.
③ Andrew Hewish. A Line From Klee [J]. Journal of Visual Art Practice，2015, 14.
④ Duncan Macmillan. "Taking a Line for a Walk"：the art of Paul Klee [J]. The Lancet, 2000, 356.
⑤ ［法］梅洛-庞蒂. 眼与心 [M]. 龚卓军，译. 台北：典藏艺术家庭，2007：128.

图 3-7　兄弟姐妹

在这幅作品中，克利对兄妹的形象进行了抽象，并用线条将二人既相互区别，又紧密联系的关系展示了出来。阿恩海姆曾做出如下描述："在这幅画中，两个头的有机分离被一个长方形所否定。这个长方形在融合这两个头的同时，又把哥哥的脸一分为二。右边的两条腿所支撑的身体，既可与哥哥的头部连起来，又可与妹妹的头连起来。"① 这幅带着童趣的绘画恰当地表现了克利的线条的游戏意味。

通过线条创构的兄妹形象仿佛既处于不断的移动之中，又做出了观看的行动，与观看者产生着互动。因此，"克利关于闲逛的线条的概念，可被看作是置于主体与世界、案主与分析师、观看者与艺术家之间的"②。他的线条不是静止的形式，而是具备能够划破空间、延展自身的力量，它所打开的存在场域使得不同主体相遇。在这幅绘画中，线条

① ［美］鲁道夫·阿恩海姆．艺术与视知觉［M］．滕守尧、朱疆源，译．成都：四川人民出版社，1998：167.
② Andrew Hewish. A Line From Klee［J］. Journal of Visual Art Practice，2015，14.

的缠绕使得空间呈现为多维的，这是一种克利所追求的拓扑学空间，是存在自身的绽开，"画家必须有一个极其复杂的线条网，因而问题不再在于真正的基础再现表象"①，而在于"对一个不可见者的、可能者的空间的创造"②。

（二）颜色

除线条之外，克利对颜色也给予了特别的关注，他将颜色看作脑和宇宙的结合之处。"大部分克利的绘画都揭示了他的线性行进方式，与此同时，他用逼真的颜色扩展线条，以此描述关于艺术应是什么以及艺术产生什么的宇宙学观点。"③ 克利在包豪斯学院（Bauhaus）任教期间，就曾向学生讲授颜色的重要性，在克利看来，"颜色首先是一种性质，其次是一种分量，最后是一种尺度"④。需要注意的是，颜色的性质不能被理解为事物自身的属性，而应被理解为存在自身的性质。在绘画方面，克利受塞尚影响颇深，而塞尚对颜色的使用从不是根据眼睛所看到的现实对象的样貌而在画布上将其如实呈现并为其赋色的。相反，塞尚绘画中的颜色"从来都不是为了色彩而色彩，而是基于这样的信念：色彩不仅是视觉信息，不仅是象征，更是自然存在"⑤。克利对颜色性质的强调亦是从这一存在层面来进行的，它是存在自身的流露。因此，亨利·米肖评价道："有时候，克利的色彩好像缓慢地从画布上生出，从某个原初的基质流布得恰到好处，像铜绿、像霉菌般蔓延、散放

---

① [法] 梅洛-庞蒂. 眼与心 [M]. 龚卓军，译. 台北：典藏艺术家庭，2007：129.

② [法] 让-弗朗索瓦·利奥塔. 话语，图形 [M]. 谢晶，译. 上海：上海人民出版社，2011：281.

③ Anna-Teresa Tymieniecka, Patrica Trutty-Coohill Edited. The Cosmos and the Creative Imagination [M]. New York：Springer International Publishing, 2016：95.

④ Paul klee. Paul Klee Notebooks：Volume 1 The Thinking Eye [M]. London：Lund Humphries Publishers, 1961：87.

⑤ 汪民安. 褶子 [M]. 开封：河南大学出版社，2018：42.

着光彩。"① 颜色的分量意味着颜色"不仅有色值，它还有光值"②。克利在此意在强调色彩之间的相互配合与彼此呼应。除了塞尚，克利亦受画家罗伯特·德劳内的影响，1912 年，德劳内发表了论文《光线》（"La Lumière"），1913 年，克利将其译为德文并推介至德国。在这篇短文中，德劳内强调一种节奏的共时性，在他看来，"现实被赋予了深度，因此就成为一种节奏同时性，在光中的同时性就是和谐，颜色节奏诞生了人类的视觉"③。克利在其绘画中，始终关注颜色的平衡，他强调颜色的整体性规则，正如一首乐曲的构成要依靠不同音符的配合，克利绘画中的颜色也不是作为单独的要素起作用，而是彼此之间互相感应，形成一种不可分割的有机体。"在观看克利绘画中颜色的组织时，我们必须让自己的凝视自由地在图像表面扫视，发现回声与感应，并在其中发现图像结构。"④ 除此之外，颜色还是一种尺度，因为"它有界限，有场域，有广延，这些均是可被测量的"⑤。简而言之，颜色有其可见、可感的一面，它不是一种形而上的完全抽象性存在，它是可见性的具体化。在《可见的与不可见的》之中，梅洛-庞蒂曾以红色为例来说明颜色的可感性，"红色长裙的一切质感系于可见的组织，并通过它，系于不可见的存在的组织"⑥。基于这一层面，克利才能通过颜色的使用表现不可见之物。

---

① ［法］梅洛-庞蒂. 眼与心［M］. 龚卓军，译. 台北：典藏艺术家庭，2007：126.

② Paul klee. Paul Klee Notebooks：Volume 1 The Thinking Eye［M］. London：Lund Humphries Publishers，1961：87.

③ Arthur A. Cohen edited. The New Art of Color：The Writings of Robert and Sonia Delaunay［M］. New York：Viking，1978：81.

④ Rainer Crone&Joseph Leo Koerner. Paul Klee：Legends of the Sign［M］. New York：Columbia University Press，1991：58.

⑤ Paul Klee. Paul Klee on Modern Art［M］. London：Faber and Faber Ltd，1966：23.

⑥ ［法］梅洛-庞蒂. 可见的与不可见的［M］. 罗国祥，译. 北京：商务印书馆，2018：163.

正如巴什拉所言："在画家眼里，色彩有深度，也有厚度，色彩既在内在深处的维度也在丰满的维度上发展。"① 以克利创作于1930年的《节奏的》为例（图3-8）：

图3-8 节奏的

在这幅绘画中，克利利用可感的色块来表达节奏的同时性。画面的颜色主要由黑、白、灰构成，在其教学笔记中，克利就曾将灰色看作黑白色之间的过渡色，因此在灰色之中既包含白色，也包含黑色。哲学家吉尔·德勒兹将色彩看作绘画的范畴之一，他指出，"色彩的微妙变

---

① ［法］加斯东·巴什拉. 梦想的权利［M］. 顾嘉琛，杜小真，译. 上海：华东师范大学出版社，2013：50.

化，倾向于去除色值的关系、明暗关系和阴暗与光线的反差"①。这一幅受棋盘启发而绘制的作品利用色块之间模糊的轮廓线消解了色彩间的强烈对比，使得每一处的颜色过渡自然而然，正是这种色彩之间的呼应，将画面呈现为一个不可分割的有机体。除此之外，克利对节奏同时性的强调还缘于他对绘画与音乐之间关系的重视，这不仅是因为他自身也是一名小提琴演奏家，更因为他在绘画与音乐之间看到了一种梅洛-庞蒂意义上的交织（chiasm）关系，即绘画与音乐相互渗透，彼此影响。克利的好友康定斯基就曾将对颜色的经验与音乐联系起来。在乐曲中，单独的音符没有任何意义，它只有依据同其他音符的关系才能获得意义。对颜色的经验亦是如此，必须将全部颜色当作一个有机体，而不是固着于某一特定的颜色。康定斯基指出："人们总是孤立地关注颜色，让自己受某个单独的色彩的影响。"② 而克利对色彩的使用正好规避了这一点。在他的绘画中，颜色的呈现具有一种同时性与整体性。克利通过颜色的变化，完成了音乐中曲调的变化，从而使得画面具有了节奏同时性。

三、创造性想象

法国哲学家马里翁曾如此描述画家的角色："凭借画作，画家就像一位炼金术士，把有些事物点化成可见的，如果没有他的话，这些事物依然完全不可见。"③ 这与克利赋予画家"使不可见者可见"的使命不

① ［法］吉尔·德勒兹. 弗兰西斯·培根：感觉的逻辑［M］. 董强，译. 桂林：广西师范大学出版社，2017：150.
② Michel Henry. Seeing the Invisible：On Kandinsky［M］. London：Continuum International Publishing Group，2009：75.
③ ［法］让-吕克·马里翁. 可见者的交错［M］. 张建华，译. 桂林：漓江出版社，2015：37.

谋而合。在将不可见转换为可见的过程中，需要画家通过特定的变形来
实现，因此，想象力成为绘画中不可或缺的要素之一，正如梅洛-庞蒂
所言："在艺术中，是理解力为想象力服务。"① 而"克利展示了创造性
想象的有意义的范例"②。

克利受儿童画的启发，在其绘画中使用了诸多带有童趣色彩的要
素。这并非刻意为之，而是由于相比成人，儿童看待世界的方式更为
"野性"（sauvage）。在列维-斯特劳斯看来，这种野性思维"借助于形
象的世界深化了自己的知识，它建立了各种与世界相像的心智系统，从
而推进了对世界的理解"③。克利看待世界的方式便是如此，这是一种
"陌生化"式的方式。于是在他的诸多绘画中，出现了二维平面化的房
子，如《佛罗伦萨别墅》（"Florentine Villas"，1926）；粗线条勾勒的
人物，如《桌旁的男孩》（"Boy at Table"，1932）；被变形的动物，如
《动物集会》（"Animals Meet"，1938）；等等。他将事物从其所在的客
观环境中剥离出来，以一种更为原初、直接的方式描绘它们，在这一过
程中，他逐渐接近的是世界的混沌本源，是谜一样的宇宙记忆，是时间
之前的时间。由于受巴什拉想象本体论的影响，在后期，梅洛-庞蒂试
图建立一种"可见的宇宙学"④，由此提出了关于肉（la chair）的元素
说。根据梅洛-庞蒂，"宇宙以一种特许的方式通达我们，通过白日梦、
想象与神话，也就是说，它作为有距离的、无法定位的、失落的和被重

---

① ［法］梅洛-庞蒂. 电影与新心理学［M］. 方尔平，译. 北京：商务印书馆，2019：
24.
② Anna-Teresa Tymieniecka，Patrica Trutty-Coohill Edited. The Cosmos and the Creative I-
magination［M］. New York：Springer International Publishing，2016：94.
③ ［法］列维-斯特劳斯. 野性的思维［M］. 李幼蒸，译. 北京：中国人民大学出版
社，2006：242.
④ Anna-Teresa Tymieniecka，Patrica Trutty-Coohill Edited. The Cosmos and the Creative I-
magination［M］. New York：Springer International Publishing，2016：44.

新创造的来通达我们"①。而克利接近宇宙的方式便是通过想象来实现的。以克利 1920 年创作的《新天使》（图 3-9）为例：

图 3-9 新天使

作为陪伴了本雅明一生的作品，本雅明曾对它进行过如下描述："克利一幅名为《新天使》的画表现一个仿佛要从某种是他凝神审视的东西转身离去的天使。他张开翅膀，张着嘴，目光凝视。历史天使就可以描绘成这个样子。他回头看着过去，在我们看来是一连串事件的地

---

① Anna-Teresa Tymieniecka, Patrica Trutty-Coohill Edited. The Cosmos and the Creative Imagination [M]. New York：Springer International Publishing，2016：45.

方，他看到的只是一整场灾难。这场灾难不断把新的废墟堆到旧的废墟上，然后把这一切抛在他的脚下。"① 不同于古典绘画中纯洁而美好的天使形象，克利画笔下的天使是丑陋的、比例不协调且怪异的。克利把天使的形象从其刻板印象中解放出来，以一种新的形式描绘它，他通过点与线的结合来展示天使，这是克利特殊知觉的结果。对于他而言，画家"是与死人、与未来的人的创作状态共存，画家是一只创作的动物，卡夫卡笔下的科学院猴子，在不一样的眼睛与感受基础上面对这个世界，表现出机智和嘲讽为能事的另类心灵，某种太过人性化的新天使"②。因此，克利的天使中掺杂了人类的丑陋与痛苦，他的新天使形象既像早期壁画上的人物，又像来自异星的神秘存在，正是如此，本雅明从中看到了历史维度。这也说明了克利绘画中的时间意识，他批判拉辛对时间艺术与空间艺术的区分，因为在他看来，空间也是一种时间概念。克利在绘画中，通过创造性想象描绘形象，以此联结过去与未来，而这种想象是"通过与视觉本身的结合，从我们与世界之间保持的感性亲缘性之中萌发的"③。梅洛-庞蒂指出："画家必须认定，视觉是宇宙之镜或宇宙之缩影。"④ 这意味着画家不能仅仅满足描摹可见之物，更应窥探宇宙之不可见的情态。而"知晓并表达生与死的非起源的欲望，是克利艺术的基本欲望，这是进入时间之前的时间的入口，这是一种谜样时间，它只能以符号给予我们"⑤。之所以说非起源，是因为克

① ［德］本雅明．本雅明文选［M］．陈永国，马海良，译．北京：中国社会科学出版社，2011：408.
② ［法］梅洛-庞蒂．眼与心［M］．龚卓军，译．台北：典藏艺术家庭，2007：33.
③ ［法］莫罗·卡波内．图像的肉身：在绘画与电影之间［M］．曲晓蕊，译．上海：华东师范大学出版社，2016：124.
④ ［法］梅洛-庞蒂．眼与心［M］．龚卓军，译．台北：典藏艺术家庭，2007：87.
⑤ Galen A. Johnson. The Retrieval of the Beautiful［M］. Evanston：Northwestern University Press，2010：137.

利将混沌看作世界的本源，这是一种多样性，它一直就在，是原初的"有"（il y a），而非由某个要素决定，所以它的起源是一种神话式起源（l'origine mythique）。而它只能以符号给予我们，意味着图像所具有的指示运动之功能，它不是直接呈现，而是一种迂回的表达，它"创造标记，从而给予运动一种实质在场，将它作为'变形'呈现给我们"①。因此，克利在绘画中不是展现事物呈现在他视觉中的样子，而是展示事物可能的形态，这是经过特定变形所产生的，是依靠画家的想象力才能实现的。这就要求画家具备一种穿透性凝视，即能够看到事物不可见的一面，从而通过变形使不可见成为可见。

四、结语

综上所述，可以看出，梅洛-庞蒂与克利在对绘画论述中有诸多相通之处，可以说，克利通过绘画迂回地表达了梅洛-庞蒂的哲学意图。这首先是因为二者都重视画家的本体论地位。不同于笛卡尔赋予画家的凌越式思维，梅洛-庞蒂和克利都强调主体在世存在的基础，因此，画家不再作为旁观者而观看自然，而是在自己与自然的动态交流中表达自然。正如莫里斯·布朗肖所言："自然，是在'万物'之前已然存在之物，即刻和遥远，比任何真实之物都更加真实，被遗忘在万物之中，我们所能够维系的联系通过万物建立起来。"② 因此，通过画家的肉身存在，自然与画家产生交流，画家得以与万物发生联系。如此，画家便不再局限于描绘视觉可见之物，即"不是从一个可见者攀升到另一个可

---

① John O'neill. Themesfrom the Lectures at the Collège de France 1952—1960 [M]. Evanston：Northwestern University，1970：10.
② ［法］莫里斯·布朗肖. 来自别处的声音 [M]. 方琳琳，译. 南京：南京大学出版社，2016：58.

见者"①,而是凭借其肉身存在,将自然中的不可见之物转变为可见之物。画家的画笔在此记录着这一转变,不可见之物的"岩浆从褶皱之处、从内部涌出,在画作的框架里成形,作为熔岩流沉积而成的化石,上升到画作的表面"②。在克利的绘画中,他在画布上记录这一转变的方式,是通过线条与颜色的使用。

在克利看来,宇宙是不断的生成,它持续处于运动之中。而要指示这种运动痕迹,表现运动的节奏,就要避免如实描摹对象,因为这有将运动"石化"的危险。基于此,在克利绘画中出现的都是变形后的物体,他在绘画中使用的线条不是为了描摹物体的轮廓,而是作为一种动态线、发生线起作用,它是"对一个先决空间性的保留、区隔或随机掌握"③,是一种自发构形,是存在自身多维度的显现。克利对颜色的使用亦是如此,他将颜色看作事物的心脏,但"事物的心脏在外皮-色彩之外,外壳-空间之外"④。颜色既不是事物的固有性质,也不是一种感觉质料,它是可见性的短暂凝结,是肉身的开裂。因此,克利能够通过颜色来表现运动与节奏。对于克利的艺术创作而言,他并未在创作之前预先设定原型,而是在创作中,依靠自己特殊知觉的引导,结合创造性想象,将不可见的事物描绘出来。正如施马伦巴赫所言:"克利在可见中描绘不可见,在特殊中描绘一般,在最微细中描画最伟大,甚至在他的奇迹般的创造中描画自然的最不寻常的情态。"⑤ 而这正是梅洛-庞

---

① [法]让-吕克·马里翁. 可见者的交错 [M]. 张建华,译. 桂林:漓江出版社,2015:43.

② [法]让-吕克·马里翁. 可见者的交错 [M]. 张建华,译. 桂林:漓江出版社,2015:54.

③ [法]梅洛-庞蒂. 眼与心 [M]. 龚卓军,译. 台北:典藏艺术家庭,2007:130.

④ [法]梅洛-庞蒂. 眼与心 [M]. 龚卓军,译. 台北:典藏艺术家庭,2007:124.

⑤ [德]保罗·克利. 克利与他的教学笔记 [M]. 周丹鲤,译. 重庆:重庆大学出版社,2019:112.

蒂后期哲学思想所关注的内容。正如梅洛-庞蒂在《可见的与不可见》中所言:"艺术和哲学整体不是'精神'世界中的任意创造,而是作为创造而与存在的接触。"① 正是基于此存在层面,画家克利与哲学家梅洛-庞蒂得以相遇。

① [法] 梅洛-庞蒂. 可见的与不可见的 [M]. 罗国祥,译. 北京:商务印书馆,2018:247.

结　语

　　对于哲学家梅洛-庞蒂而言，"哲学要的是把事物本身，把事物沉默的本质引向表达"①。但这并不暗示着一种本质中心主义，即事物是先于主体存在且其本质是被先验规定的，事实上，这种科学主义的态度一直是梅洛-庞蒂予以深刻批判的。而将梅洛-庞蒂的现象学研究方法与以上方法区别开来的关键是，梅洛-庞蒂对"表达"这一方式的全新论述。对于他而言，直接的表达是不可能的，因为那个未被科学所规定，而现象学力图还原的原初世界是含混的、模糊的，当主体与这一世界打交道时，他的每次行动都是一种探索，就像一位旅人在雾气弥漫的地方摸索一般，他对于自己的行动结果也是未知的。因此，在与原初世界发生联系的过程中，那种传统的表达方式便成为不可能。世界不再是像被透视法般清晰呈现的图像，而是混沌的存在。"使哲学瘫痪或缄默的是，它不能以传统的方式表达这个世界正在经历什么。"② 由此，表达必定是间接的、迂回的、不完整的，这一表达是主体自身探究世界的方式，主体以自己的身体为媒介，以不同的方式与世界打交道，表达不

---

① ［法］梅洛-庞蒂．可见的与不可见的［M］.罗国祥，译．北京：商务印书馆，2018：13.

② Maurice Merleau-Ponty，translated by Michael·B Smith. Texts and Diallogues on Philosophy，Politics and Culture［M］. New York：Humanity Press，1992：9.

是脱离身体的思维或意识的意向性活动，而是一种主体都具备的能力，主体的每次行动都是一种表达，表达当下存在的主体与瞬时的世界之间的联系，因此，梅洛-庞蒂指出："现象学不是关于永恒真理的科学，它是关于全部瞬时性的科学，它探索瞬时性的本质，却不尝试克服瞬时性。"① 由于主体的个体差异以及世界的不断运动，表达具有了多种多样的形式，梅洛-庞蒂的哲学是一种表达，阿尔托的戏剧是一种表达，塞尚的绘画、西蒙的小说、蓬热的诗歌等均是表达，而这些表达的共同点在于它们都打破了传统的表达方式，从而记录了一些此前仍处于沉默中的事物。

梅洛-庞蒂在其思想的初期，就赋予了身体以重要的地位，他将身体看作主体与世界双向联结的锚定点，无论是哪种方式的表达，都必须以身体为载体，因此，身体的使用就是一种原初的表达，日常生活中身体动作的改变所表达的便是主体与当前所处世界的暂时性关联。梅洛-庞蒂关于身体的论述也与一些文学家与艺术家的创作观念类似，甚至在某种程度上影响了相关的创作。以与梅洛-庞蒂同时代的戏剧理论家安托南·阿尔托为例，他的残酷戏剧理论也要求演员打破既有的表达方式，即那种重视口头语言、依据舞台导演的编排而表达戏剧的方式，转而强调演员在舞台上的身体使用，强调演员动作的偶然性，以通过这种方式接触真正的生活。阿尔托对身体的着重与梅洛-庞蒂在关于《儿童心理学与病理学》中对戏剧的看法不谋而合，从某种意义上说，二人的思想形成了一种互文关系。而他关于身体的论述更是直接启发了美国极简主义艺术家罗伯特·莫里斯，作为一名当代艺术家，莫里斯反对既有的艺术表达方式，即由艺术家创作的作品被放置在展馆内，而观者在

---

① Merleau-Ponty. Child Psychology and Pedagogy: The Sorbone Lectures 1949—1952 [M]. Evanston: Northwestern University Press, 2010: 319.

其周围进行欣赏。在他看来，这导致了一种主体—客式的观看，作品与观者之间始终隔着一道屏障而无法产生互动。于是，在借鉴梅洛-庞蒂身体观的基础上，莫里斯创作出了一系列大型的、不规则的、异质的作品，并允许观者在作品所处的空间中走动，"完成的作品是表达出世界的经过，并且以物质的遗迹捕捉意义，它索求所有带着眼睛的身体去看"①。于是，观者在空间中的身体运动表达的就是其作为主体与艺术品、与其所在的世界发生联系的方式，是观者动态地捕捉意义的尝试，这就打破了以笛卡尔视觉哲学为基础的主客二分式观看，也为当代艺术的创作提供了新的思路。

　　除了身体的使用是一种表达外，梅洛-庞蒂指出，语言也是一种表达，由于语言与思想具有同构性，而身体又是包含了思想的灵性化存在，因此，当主体进行言说时，他也是在同世界发生联系。但是，新意义的产生不能依靠那些意义已被固定的陈词滥调，而是要通过"言说着的语言"，即在表达的时候自我形成的语言，而文学语言便隶属于此。兰波通过诗歌力图表达那个野性的世界，蓬热的诗歌记录的是事物自己的语言，马拉美通过语言表达意义的多样性，经过这种表达，那些此前沉默的、尚处于晦暗状态的事物涌现了出来。小说语言亦是如此，克洛德·西蒙在他的写作中，是作为将瞬时性暂时锚定下来的叙事者在进行记录的，他所使用的语言伴随着世界自身的运动而改变，持续的时空交织与丰富的视觉经验都由语言呈现出来，作品成为一个偶然性的事件，它不再是作家根据预先的构思完成的作品，而是作家在写作时依据语言探索的过程，它表达了作为记录者的作家与世界之间的关联。

　　在后期，随着梅洛-庞蒂对艺术（尤其绘画）的关注，包括塞尚、

---

　　① Donald A. Landes. Merleau-Ponty and the Paradoxes of Expression [M]. New York: Bloomsbury Academic, 2013: 144.

克利等画家的作品都逐渐进入了他的视线，在他看来，同哲学与文学一样，绘画也是作家与世界发生联系的方式，因此它也是一种表达。虽然两位画家的风格完全不同，但是他们的绘画均脱离了古典绘画的表达方式，即建基于笛卡尔视觉哲学的透视法，而使用了一种具身的方式进行绘画。在绘画的过程中，画家不是根据自己所看到的事物进行如实的复刻，而是在绘画的过程中将自己作为一个要素，参与世界的动态过程中。正因如此，塞尚能表达出原初的知觉经验，能在绘画中显现出存在的深度，而克利能够通过颜色与线条的使用，表达不可见的事物。在他们的绘画中，没有既定的绘画规则，有的只是画家与世界的持续、动态交流，在此过程中，世界之肉不停地开裂，与画家的身体相互侵越，又彼此融合，而绘画表达的便是这个过程。"艺术不回避肉，它响应肉所固有的开裂，并把这一开裂写入表象，它追求那在肉当中形成的敞开与显现的工作，它不过是对肉的一个潜在又显露的探问。"①

　　总之，在梅洛-庞蒂看来，无论是哲学家、文学家，还是艺术家，他们在创作的过程中都不对作品享有绝对的操控权，而是作为世界的一分子，同每个在世存在的人或物一样，在表达着他们与世界的交互关系。正如列维-斯特劳斯所言："'我'呈现为一个某些时间正在发生的所在，但不存在'作为主词的我'，也没有'作为受词的我'。我们每一个人都仿佛是一个发生了某些事件的十字街头，十字街头是纯然消极被动的，那些事件只是凑巧发生在那里。"② 正因为他们所表达的都是此前从未被表达过的东西，所以梅洛-庞蒂自身写作所使用的也是暧昧的、模糊的语言，"沉默可以被带入表达之中，这是梅洛-庞蒂哲学的

---

① ［法］让-弗朗索瓦·利奥塔. 肉身公式［M］//白轻，译. 汪民安. 褶子. 开封：河南大学出版社，2018：332.

② ［法］克洛德·列维—斯特劳斯. 神话与意义［M］. 杨德睿，译. 开封：河南大学出版社，2016：8.

目标，但这需要一种特定的感性和对语言的交替使用，这一语言既不是哲学的标准，也不是由日渐受技术驱动的西方文化的标准"①。因此，对于他来说，"哲学家必须停止使用抽象的语言，而应该使用隐喻的语言和暗示性描述"②。如此就避免了他使用的哲学语言成为一种陈词滥调，而这种表达方式也成为梅洛-庞蒂自己在世存在的风格。但是，梅洛-庞蒂关于表达的观念也受到了一些其他哲学家的批判，其中之一便是法国哲学家米歇尔·福柯。在《知识考古学》中，福柯指出，"言语活动的'前提条件'不是要简单地撕裂基本的沉默，证明词、句子、意指、断言、命题的衔接不会直接依靠沉默的初夜，而是证明句子的突现、意义的闪现、指称的粗暴标志总是出现在陈述功能发挥作用的领域中，证明在我们所读、所听但又说出来的言语活动与任何表达的缺席之间不会密集着所有难以被说出来的东西、所有悬而未决的句子、所有不完全表达的思想"③。福柯之所以提出这一批判，是由于他认为言语活动的表达并不奠基于沉默的背景，而是与陈述功能密切相关。如果将已说之物建立在未说之物的基础上，那么对话语的历史分析就"注定是对一种同时可能是'未说之物'的'已说之物'的解释或聆听"④。在此意义上，他反对沉默与表达的相互依存关系，当已说之物被表达出来后，它就形成了一种固定的、庸常的话语，而对这种话语的分析就成为一种解释——解释已说之物如何形成，解释未说之物还有哪些未被表达

---

① Galen A. Mazis. Merleau-Ponty and the Face of the World [M]. Albany：State University of New York Press，2016：15.

② Galen A. Mazis. Merleau-Ponty and the Face of the World [M]. Albany：State University of New York Press，2016：53.

③ [法] 米歇尔·福柯. 知识考古学 [M]. 董树宝，译. 北京：生活·读书·新知三联书店，2021：133.

④ [法] 米歇尔·福柯. 知识考古学 [M]. 董树宝，译. 北京：生活·读书·新知三联书店，2021：30.

的东西，而福柯是反对这种话语研究模式的。对于福柯而言，话语形成的空间是异质的、充满各式差异与纠纷的，这也是陈述得以发生的空间，因此，"陈述是一种不可重复的事件，它具有一种可被定位的和被注明日期的、不可减少的独特性"①。可以看出，福柯力图表明的正是言语表达的偶然性。事实上，这与梅洛-庞蒂的思想并不冲突，由于二者的视域不同，所以在对话语的分析上采用了不同的模式。梅洛-庞蒂作为现象学家，他思想中的"表达"也是具有偶然性的事件，而这种偶然性暂时结晶为了话语。表达与沉默从来都不是二元的关系，也不是单向的决定关系，它们都基于一个相同的背景——存在，在存在的运动之中，表达逐渐将那些尚未被照亮的事物与尚未被发现的关系呈现出来，而这些事物与关系是非固定的、是无穷尽的，也正因如此，表达具有了多样的形态。

而另一位与梅洛-庞蒂持不同意见的哲学家便是吉尔·德勒兹，这是由于在德勒兹看来，"现象学将被知觉的世界与活的经验当作'存在的基础'的观点，指涉的是主体既定状态（外部知觉）与从一种状态到另一种状态（内部情感）间的对应关系。简而言之，当现象学将感觉看作感受知觉或经验时，它预设了作为感觉意识的主观性，而不是感觉"②。正如梅洛-庞蒂认为胡塞尔的现象学还原最终回到了先验意识，在德勒兹看来，梅洛-庞蒂所谓"人的在世存在"的本体论基础也并未脱离人的主观性。在他看来，梅洛-庞蒂的"表达被看作交流行动可能的基本条件——一个充满意义的躯体间的、主体间的世界的发生"③。

---

① ［法］米歇尔·福柯. 知识考古学［M］. 董树宝，译. 北京：生活·读书·新知三联书店，2021：120.

② Kasper Levin, Aesthetic Movements of Embodied Minds: Between Merleau-Ponty and Deleuze［J］. Continental Philosophy Review, 2016, 6.

③ Kasper Levin, Aesthetic Movements of Embodied Minds: Between Merleau-Ponty and Deleuze［J］. Continental Philosophy Review, 2016, 6.

因此，表达总是主体的表达，知觉总是主体的知觉，无论是知觉，还是感觉，都成为主体活着的时候才具有的功能，无论怎样强调在世存在的基础，梅洛-庞蒂的现象学还原还是离不开活生生的人。对于德勒兹来说，他所力图阐明的乃是脱离了主体而存在的一种力，这种力无限地运动，在其中，思考得以实现。所以他指出，要将 sense 从 sensation 中抽出，要将 percept 从 perception 中抽出，因为这种力的存在是不依赖主体的，知觉和感觉不再是人所体验到的状态，而是脱离了人也在持续运动的一种力，它是作为动词而存在的感觉与知觉，是一种无人称甚至无主体的力。

不管是福柯，还是德勒兹，他们都是从自身的哲学立场出发进行批判的，按照梅洛-庞蒂的观点来看，他们的哲学论述亦是一种表达。但这种表达不会随着文字的终止而结束，相反，它是一种指引、一条林中路，借由阅读文字或欣赏作品，读者/观者被带入了一个存在的场域，并在此场域中形成自己的表达、自己的风格。而这也是梅洛-庞蒂的现象学一直熠熠生辉的原因，他不做哲学解释，而只做哲学描述，他在用他模糊的、暧昧的哲学语言探索一条通往存在的小道，借由他的描述，那些文学的、艺术的以及美学的相关物都逐渐显现了出来。最后，用法国哲学家埃德蒙·雅贝斯的话来概括："我钟爱这些游移的思想，它们仍漂浮在沉睡的雾霭和白昼的羞涩微光之间，漂浮在其沦入的、已不太幽暗的空无和初见之下甚感讶异的花草之间。"① 而正是这些游移与不定，使得梅洛-庞蒂的哲学成为复魅的尝试。

---

① ［法］埃德蒙·雅贝斯. 界限之书［M］. 刘楠祺，译. 南宁：广西师范大学出版社，2021：76.

参考文献

一、外文文献

（一）著作

[1] Maurice Merleau-Ponty. Consciousness and the Acquisition of Language[M]. Translated by Hugh J. Silverman. Evanston: Northwestern University Press, 1973.

[2] Maurice Merleau-Ponty. La Nature [M]. Paris: Éditions du Seuil, 1995.

[3] Maurice Merleau-Ponty. Notes des Cours au Collège de France 1958-1959 et 1960-1961[M]. Paris: Éditions Gallimard, 1996.

[4] Maurice Merleau-Ponty. Parcours Deux1951—1961[M]. Lagrasse: Éditions Verdier, 2000.

[5] Maurice Merleau-Ponty. The Incarnate Subject: Malebranche, Biran, and Bergson on the Union of Body and Soul[M]. Translated by Paul B. Milan. New York: Humanity Books, 2001.

[6] Maurice Merleau-Ponty. Husserl at the Limits of Phenomenology [M]. Edited by Leonard Lawlor&Bettina Berge. Evanston: Northwestern U-

niversity Press, 2002.

［7］Maurice Merleau‒Ponty. L'œIL ET L'ESPRIT ［M］. PARIS：Éditions Gallimard, 2006.

［8］Merleau‒Ponty. Child Psychology and Pedagogy：The Sorbone Lectures 1949‒1952［M］. Evanston：Northwestern University Press, 2010.

［9］Maurice Merleau‒Ponty. ŒUVRES［M］. Édition établie par Claude Lefort. PARIS：Éditions GALLIMARD, 2010.

［10］Maurice Merleau‒Ponty. Institution and Passivity：Course Notes from the Collège de France(1954‒1955)［M］. Evanston：Northwest University Press, 2010.

［11］Maurice Merleau‒Ponty. Le Monde Sensible et le Monde de L'expression［M］. Genève：Mētis Press, 2011

［12］Maurice Merleau‒Ponty. Le Problème de la Parole. Cours au Collège de France Notes, 1953‒1954［M］. Genève：MētisPresses, 2020.

［13］André Malraux. La Psychologie de l'art, Le Musée imaginaire［M］. Paris：Skira, 1947.

［14］Paul Klee. Paul Klee Notebooks：Volume 1 The Thinking Eye ［M］. London：Lund Humphries Publishers, 1961.

［15］Paul Klee. Paul Klee on Modern Art［M］. London：Faber and Faber Limited, 1966.

［16］John O'neill. Themes from the Lectures at the Collège de France 1952‒1960［M］. Evanston：Northwestern University, 1970.

［17］Maurice Blanchot. Le Musée, l'art et le temps［M］. Paris：Gallimard, 1971.

［18］Antonin Artaud. Antonin Artaud Selected Writings［M］. Translated by Helen Weaver. New York: Farrar, Straus and Giroux, 1976.

[19] André Malraux. The Voice of Silence [M]. Translated by Stuart Gilbert. Princeton: Princeton University Press, 1978.

[20] Arthur A. Cohen edited. The New Art of Color: The Writings of Robert and Sonia Delaunay[M]. New York: Viking, 1978.

[21] Deborah Cook. Merleau-Ponty on Contemporary Literature [M]. Ottawa: Deborah Cook, 1981.

[22] James Schmidt. Maurice Merleau-Ponty: Between Phenomenology and Structuralism[M]. Houndmills: Macmillan Publishers, 1985.

[23] Rainer Crone&Joseph Leo Koerner. Paul Klee: Legends of the Sign [M]. New York: Columbia University Press, 1991.

[24] Robert Morris. Continuous Project Altered Daily: The Writings of Robert Morris[M]. New York: The MIT Press, 1993.

[25] Pascal Dupond. Le Vocabulaire de Merleau-Ponty [M]. Paris: Ellipses Édition Marketing S · A, 2001.

[26] Adrian Morfee. Antonin Artaud's Writing Bodies [M]. Oxford: Clarendon Press, 2005.

[27] Stéphane Orace. La Chant de L'arabesque: Poétique de la Répétition dans L'oeuvre de Claude Simon[M]. Amsterdam-New York: Editions Rodopi B. V, 2005.

[28] Taylor Carman&Mark B. N. Hansen edited. The Cambridge Companion to Merleau-Ponty[M]. London: Cambridge University Press, 2005.

[29] Rosalyn Diprose&Jack Reynolds edited. Merleau-Ponty: Key Concepts[M]. London: Routledge, 2008.

[30] Derek Allan. Art and the Human Adventure: André Malraux's The-

ory of Art[M]. New York: Editions RodopiB. V, 2009.

[31] Michel Henry. Seeing the Invisible: On Kandinsky[M]. London: Continuum International Publishing Group, 2009.

[32] Galen A. Johnson. The Retrieval of the Beautiful[M]. Evanston: Northwestern University Press, 2010.

[33] Charles-Louis Foulon, Janine Mossuz-Lavau, Michaël de Saint-Cheron. Dictionnaire André Malraux[M]. Paris: CNRS Editions, 2011.

[34] Paul Klee. Paul Klee[M]. New York: Parkstone Press International, 2011.

[35] Paul Crowther. The Phenomenology of Modern Art [M]. New York: Continuum, 2012.

[36] Donald A. Landes. The Merleau-Ponty Dictionary [M]. London: Bloomsbury, 2013.

[37] Donald A · Landes. Merleau-Ponty and the Paradoxes of Expression[M]. New York: Bloomsbury Academic, 2013.

[38] Jessica Wiskus. The Rhythm of Thought: Art, Literature and Music after Merleau-Ponty [M]. Chicago: The University of Chicago Press, 2013.

[39] Veronique M · Fóti. Tracing Expression in Merleau-Ponty [M]. Evanston: Northwestern University Press, 2013.

[40] Anaël Lejeune. The Subject-Object Problem in 'Alighted with Nazca': On Phenomenological Issues in Robert Morris's Artwork. Investigations: The Expanded Field of Writing in the Works of Robert Morris[M]. Lyon: ENS Éditions, 2015.

[41] Anna-Teresa Tymieniecka, Patrica Trutty-Coohill Edited. The

Cosmos and the Creative Imagination[M]. New York: Springer International Publishing, 2016.

[42]Douglas Low. In Defense of Phenomenology[M]. New Brunswick: Transaction Publishers, 2016.

[43]Galen A. Mazis. Merleau－Ponty and the Face of the World[M]. Albany: State University of New York Press, 2016.

[44]Ariane Mildenberg. Modernism and Phenomenology[M]. London: Palgrave Macmillan, 2017.

[45]Ranjan Ghosh edited. Philosophy and Poerty[M]. New York: Columbia University Press, 2018.

（二）论文

[1]Elle Marsh. Paul Klee and the Art of Children：A Comparison of Their Creative Processes[J]. College Art Journal, 1957, 16(2).

[2]Bertrand Davezac. Malraux's Ideas on Art and Method in Art Criticism[J]. The Journal of Aesthetics and Art Criticism, 1963, 22(2).

[3]Geoffrey T. Harris. Malraux and the Psychology of the Artist[J]. FCS. vii, 1966, 7(19).

[4]James M. Edie. Was Merleau－Ponty a Structuralist[J]? Journal of the International Association for Semiotic Studies, 1971, 4(4).

[5]Philip H. Solomon. Claude Simon's La Routes des Flandres: A Horse of Different Colour[J]? Australian Jouenal of French Studies, 1972, 9(2).

[6]Claud Duverlie, Claude Simon, J. Rodgers and I. Rodgers. Interview with Claude Simon[J]. Substance. 1973－1974, 4(8).

[7]James Gordon Place. The Painting and the Natural Thing in the Philosophy of Merleau－Ponty[J]. Cultural Hermeneutics, 1976, 4(1).

[8]Claud Duverlie, Claude Simon and J. Rodgers. Claude Simon: The Crossing of the Image[J]. Diacritics. 1977, 7(4).

[9]Joyce Brodsky. A Paradigm Case for Merleau-Ponty: The Ambiguity of Perception and the Paintings of Paul Cézanne[J]. Artibus et Historiae, 1981, 2(4).

[10]Margaret Plant. Paul Klee's Perspectives[J]. Australian Journal of Art, 1986, 5(1).

[11]Mireille Calle-Gruber. Claude Simon: Le Temps, L'écriture[J]. Littérature. 1991, 83.

[12]Jean Duffy. Claude Simon, Merleau-Ponty and Perception[J]. French Studies, 1992, XLVI(1).

[13]Galen · A · Johnson. The Colors of Fire: Depth and Desire in Merleau-Ponty's "Eye and Mind"[J]. Journal of the British Socirty for Phenomenology, 1994, 25(1).

[14]John Russon. Embodiment and Responsibility: Merleau-Ponty and the Ontology of Nature[J]. Man and World, 1994, 27(3).

[15]Duncan Macmillan. Taking a Line for a Walk: the art of Paul Klee [J]. The Lancet, 2000, 356(9238).

[16]Sandra Kage Alexander. Returning to the Soil of the Sensible: Phenomenological Reading of Robert Morris's and Richard Serra's Minimalist Sculpture[D]. University of Andrews. 2000.

[17]Chevarie-Lessaed G. La Profondeur au Coeur de L'oeil et L'esprit [J]. Horizons Philosophiques, 2003, 14(1).

[18]John Corfield. Phenomenology and Neuroscience in the Awakeness and Perception of the Form and Informe of Sculpture, as Exemplified in the

Work of Robert Morris, Anthony Caro, Tony Cragg and Jim Lambie[D]. Cabterbury: University College for the Creative Arts, 2006.

[19]Galen A. Johnson. The Voice of Merleau-Ponty : The Philosopher and the Poet[J]. Journal of the British Society for Phenomenology, 2008, 39(1).

[20]Berndt Sellheim. Metaphor and Flesh-Poetic Necessity in Merleau-Ponty[J]. Journal of the British Society for Phenomenology. 2010, 41(3).

[21]David Morris. The Enigma of Reversibility and the Genesis of Sense in Merleau-Ponty[J]. Continental Philosophy Review, 2010, 43.

[22]Elizabeth Heard. Space, Signs and Artaud's Hieroglyphic Body[J]. Performance Research: A Journal of the Performing Arts, 2010. 11(1).

[23] Gottfried Boehm. Genesis: Paul Klee's Temporalization of Form [J]. Research in Phenomenology, 2013, 43(3).

[24]Andrew Hewish. A Line From Klee[J]. Journal of Visual Art Practice. 2015, 14(1).

[25] Angus Mcblane. Expressing Corpereal Silence: Phenomenology, Merleau-Ponty and Posthumanism[J]. A Journal of Literary Studies and Linguistics, 2016, 5(1).

[26]Roberta Dreon. Merleau-Ponty from Perception to Language: New Elements of Interpretation[J]. Lebenswele, 2016, 9.

[27]Aud Sissel Hoel, Annamaria Carusi. Merleau-Ponty and the Measuring Body[J]. Theory, Culture&Society, 2017, 0(0)1-26.

[28]Lovisa Andén. Language and Tradition in Merleau-Ponty's Reading of Husserl and Saussure[J]. Studia Phenomenologica , 2018, 18.

[29]Lovisa Andén. Literature and the Expression of Being in Merleau-

Ponty's Unpublished Course Notes［J］. Journal of the British Society for Phenomenology. 2019，50(3).

（三）其他

［1］André Malraux，Entretien avec Gabriel Aubarède［N］. Les Nouvelles Littéraires，1952.4.3.

二、中文文献

（一）著作

［1］［法］梅洛-庞蒂. 眼与心——梅洛-庞蒂现象学美学文集［M］. 刘韵涵，译. 北京：中国社会科学出版社，1992.

［2］［法］梅洛-庞蒂. 知觉的首要地位及其哲学结论［M］. 王东亮，译. 北京：三联书店，2002.

［3］［法］梅洛-庞蒂. 眼与心［M］. 龚卓军，译. 台北：典藏艺术家庭，2007.

［4］［法］梅洛-庞蒂. 辩证法的历险［M］. 杨大春，张尧均，译. 上海：上海译文出版社，2009.

［5］［法］梅洛-庞蒂. 可见的与不可见的［M］. 罗国祥，译. 北京：商务印书馆，2016.

［6］［法］梅洛-庞蒂. 行为的结构［M］. 杨大春，张尧均，译. 北京：商务印书馆，2018.

［7］［法］梅洛-庞蒂. 电影与新心理学［M］. 方尔平，译. 北京：商务印书馆，2019.

［8］［法］梅洛-庞蒂. 知觉的世界［M］. 王士盛，周子悦，译. 南京：江苏人民出版社，2019.

［9］［法］梅洛-庞蒂. 眼与心·世界的散文［M］. 杨大春，译. 北

京：商务印书馆，2019.

[10][法]梅洛-庞蒂. 哲学赞词[M]. 杨大春，译. 北京：商务印书馆，2019.

[11][法]梅洛-庞蒂. 意义与无意义[M]. 张颖，译. 北京：商务印书馆，2019.

[12][法]梅洛-庞蒂. 知觉现象学[M]. 杨大春等，译. 北京：商务印书馆，2021.

[13]柳鸣九，罗新璋. 马尔罗研究[M]. 桂林：漓江出版社，1984.

[14]王墨林. 都市剧场与身体[M]. 台北：稻乡，1992.

[15][美]鲁道夫·阿恩海姆. 艺术与视知觉[M]. 滕守尧、朱疆源，译. 成都：四川人民出版社，1998.

[16][意]基尔·伊拉姆. 符号学与戏剧理论[M]. 王坤，译. 台北：骆驼出版社，1998.

[17][法]雅克·德里达. 书写与差异[M]. 张宁，译. 北京：生活·读书·新知三联书店，2001.

[18][德]荷尔德林. 荷尔德林文集[M]. 戴晖，译. 北京：商务印书馆，2003.

[19]杨大春. 杨大春讲梅洛-庞蒂[M]. 北京：北京大学出版社，2005.

[20]龚卓军. 身体部署：梅洛庞蒂与现象学之后[M]. 台北：心灵工坊文化事业股份有限公司，2006.

[21][法]列维-斯特劳斯. 野性的思维[M]. 李幼蒸，译. 北京：中国人民大学出版社，2006.

[22]佘碧平. 梅罗庞蒂历史现象学研究[M]. 上海：复旦大学出版

社，2007.

[23][法]加埃唐·皮康．马尔罗[M]．张群，刘成富，译．上海：上海人民出版社，2008.

[24][法]罗兰·巴尔特．符号学原理[M]．李幼蒸，译．北京：中国人民大学出版社，2008.

[25][法]弗朗西斯·蓬热．采取事物的立场[M]．徐爽，译．上海：上海人民出版社，2009.

[26]王墨林．台湾身体论：王墨林评论集：1979-2009(第一卷)》，台北：左耳文化，2009.

[27]高宣扬．法兰西思想评论·第5卷[M]．上海：同济大学出版社，2010.

[28][德]克里斯多夫·巴尔梅．剑桥剧场研究入门：从能剧到数位剧场[M]．耿一伟，译．台北：书林出版有限公司，2010.

[29][德]保罗·克利．克利与他的教学笔记[M]．周丹鲤，译．重庆：重庆大学出版社，2011.

[30][德]本雅明．本雅明文选[M]．陈永国，马海良，译．北京：中国社会科学出版社，2011.

[31][美]赫伯特·施皮格伯格．现象学运动[M]．王炳文，张金言，译．北京：商务印书馆，2011.

[32][法]让-弗朗索瓦·利奥塔．话语，图形[M]．谢晶，译．上海：上海人民出版社，2011.

[33][法]塞尚．潘幡，译．塞尚艺术书简[M]．北京：金城出版社，2011.

[34][美]苏珊·桑塔格．反对阐释[M]．程巍，译．上海：上海译文出版社，2011.

[35] 屠友祥. 索绪尔手稿初检 [M]. 上海：上海人民出版社，2011.

[36] 杨令飞. 法国新小说发生学 [M]. 北京：人民文学出版社，2012.

[37] [法] 加斯东·巴什拉. 梦想的权利 [M]. 顾嘉琛，杜小真，译. 上海：华东师范大学出版社，2013.

[38] [法] 加斯东·巴什拉. 空间的诗学 [M]. 张逸婧，译. 上海：上海译文出版社，2013.

[39] [法] 保罗·维利里奥. 视觉机器 [M]. 张新木，魏舒，译. 南京：南京大学出版社，2014.

[40] 郭斯嘉. 语言、空间与表演：安托南·阿尔托的残酷戏剧 [M]. 上海：复旦大学出版社，2014.

[41] 黄冠闵. 在想像的界域上——巴修拉诗学曼衍 [M]. 台北：台湾大学出版中心，2014.

[42] [法] 安托南·阿尔托. 残酷戏剧：戏剧及其重影 [M]. 桂裕芳，译. 北京：商务印书馆，2015.

[43] [美] 哈尔·福斯特. 实在的回归：世纪末的前卫艺术 [M]. 杨娟娟，译. 南京：江苏凤凰美术出版社，2015.

[44] [法] 克洛德·西蒙. 弗兰德公路 [M]. 林秀清，译. 上海：上海译文出版社，2015.

[45] [法] 乔治·迪迪-于贝尔曼. 看见与被看 [M]. 吴泓缈，译. 长沙：湖南美术出版社，2015.

[46] [比] 乔治·普莱. 普鲁斯特的空间 [M]. 张新木，译. 上海：华东师范大学出版社，2015.

[47] [法] 让-吕克·马里翁. 可见者的交错 [M]. 张建华，译. 桂

林：漓江出版社，2015.

[48][英]约翰·伯格. 观看之道[M]. 戴行钺，译. 桂林：广西师范大学出版社，2015.

[49][法]艾曼努埃尔·埃洛阿. 感性的抵抗：梅洛-庞蒂对透明性的批判[M]. 曲晓蕊，译. 福州：福建教育出版社，2016.

[50][澳]芭芭拉·波尔特. 海德格尔眼中的艺术[M]. 章辉，译. 重庆：重庆大学出版社，2016.

[51][法]克洛德·列维—斯特劳斯. 神话与意义[M]. 杨德睿，译. 开封：河南大学出版社，2016.

[52][法]莫罗·卡波内. 图像的肉身：在绘画与电影之间[M]. 曲晓蕊，译. 上海：华东师范大学出版社，2016.

[53][法]让-吕克·南希. 素描的愉悦[M]. 尉光吉，译. 开封：河南大学出版社，2016.

[54]刘国英主编，《现象学与人文学科 No.6 梅洛庞蒂[M]. 台北：漫游者文化，2016.

[55][法]保罗·瓦莱里. 文艺杂谈[M]. 段映红，译. 北京：生活·读书·新知三联书店，2017.

[56][法]克洛德·西蒙. 四次讲座[M]. 余中先，译. 长沙：湖南文艺出版社，2017.

[57][英]罗杰·弗莱. 塞尚及其画风的发展[M]. 沈语冰，译. 南宁：广西美术出版社，2017.

[58][法]莫里斯·布朗肖. 来自别处的声音[M]. 方琳琳，译. 南京：南京大学出版社，2016.

[59][法]雅克·朗西埃. 马拉美：塞壬的政治[M]. 曹丹红，译. 开封：河南大学出版社，2017.

[60]张颖.意义与视觉：梅洛-庞蒂美学及其他[M].北京：北京时代华文书局，2017.

[61][法]保罗·克洛岱尔.倾听之眼[M].周皓，译.上海：华东师范大学出版社，2018.

[62][法]保罗·瓦莱里.德加，舞蹈，素描[M].张洁，张慧，译.上海：华东师范大学出版社，2018.

[63]刘国英.法国现象学的踪迹：从沙特到德里达[M].台北：漫游者文化，2018.

[64][意]罗伯特·伯纳贝.几何之美：塞尚作品赏析[M].安雨帆，译.北京：北京时代华文书局，2018.

[65][法]让-保尔·萨特.什么是文学？[M].施康强，译.北京：人民文学出版社，2018.

[66]汪民安.褶子[M].开封：河南大学出版社，2018.

[67][瑞]爱尔马·霍伦施泰因.人的自我理解——自我意识、主体间责任、跨文化谅解[M].徐献军，译.北京：商务印书馆，2019.

[68][法]安德烈·马尔罗.政治与文化：安德烈·马尔罗讲演访谈录[M].黄芳，杨旭辉，郑晓萍，译.上海：华东师范大学出版社，2019.

[69][奥]里尔克.观看的技艺：里尔克论塞尚书信选[M].光哲，译.北京：商务印书馆，2019.

[70][法]乔治·巴塔耶.艺术的诞生：拉斯科奇迹[M].蔡舒晓，译.重庆：西南师范大学出版社，2019.

[71][法]雅克·勒考克.诗意的身体：雅克·勒考克的创造性剧场教学[M].马照琪，译.成都：四川文艺出版社，2019.

[72][法]阿蒂尔·兰波.灵光集：兰波诗歌集注[M].何家炜，

译. 北京：商务印书馆，2020.

[73][德]海德格尔. 在通向语言的途中[M]. 孙周兴，译. 北京：商务印书馆，2020.

[74][法]加斯东·巴什拉. 土地与意志的遐想——论力的想象[M]. 冬一，译. 北京：商务印书馆，2020.

[75][美]苏珊·桑塔格. 土星照命[M]. 姚俊伟，译. 上海：上海译文出版社，2020.

[76]王庆节. 亲临存在与自在起来[M]. 上海：东方出版中心，2020.

[77][法]伊夫·博纳富瓦. 声音中的另一种语言[M]. 许翡玎，曹丹红，译. 南宁：广西人民出版社，2020.

[78][法]安托瓦纳·贝尔曼. 异域的考验：德国浪漫主义时期的文化与翻译[M]. 章文，译. 北京：生活·读书·新知三联书店，2021.

[79][英]保罗·克劳瑟. 视觉艺术的现象学[M]. 李牧，译. 南京：南京大学出版社，2021.

[80][美]丹尼尔·奥尔布赖特. 缪斯之艺：泛美学研究[M]. 徐长生，杨贤宗，译. 南京：南京大学出版社，2021.

[81][法]埃德蒙·雅贝斯. 界限之书[M]. 刘楠祺，译. 桂林：广西师范大学出版社，2021.

[82][法]米歇尔·福柯. 知识考古学[M]. 董树宝，译. 北京：生活·读书·新知三联书店，2021.

[83][美]W.J.T.米切尔. 图像理论[M]. 兰丽英，译. 重庆：重庆大学出版社，2021.

[84][法]伊夫·博纳富瓦. 兰波评传：履风的通灵人与盗火者

[M].杜卿,译.上海:上海社会科学院出版社,2021.

(二)论文

[1]张尧均,重新看世界——梅洛-庞蒂论哲学与非哲学的相互蕴涵[J].天津社会科学,2017(04).

[2]郭晓,行动的逻辑与解释的逻辑——道德行为的原因、理由与解释[J].浙江学刊,2020(02):183—191.

致　　谢

两年半的时间稍纵即逝，想起上次写论文致谢，还是 2018 年博士毕业之际，如今已过去四年。在做博士后研究工作的这段时间里，遇到了肆虐全球的新冠肺炎疫情，体验了被封控在家的焦虑以及上网课带来的诸多不便，恐惧和焦虑总是不时袭来，让人不安，在完成这篇出站报告之际，这种情况亦未得到缓解。

这段时间里，学术成为难得的精神慰藉。面对现实中的困境，无论是梅洛-庞蒂、巴什拉诗意的论述，还是塞尚与克利的绘画，都给予了我莫大的鼓舞，他们激发着我对世界的好奇心，让我得以完成自己微小的学术探索。在这两年半的时间里，感谢我的合作导师朱志荣教授，朱先生思想开阔，学识渊博，为人爽朗，不拘小节，对待学术认真严谨，以身作则，给我留下了终生难忘的教诲，在此对朱先生表示由衷的感谢。

中文系其他学者的教诲也让我受益匪浅，朱国华教授睿智幽默，王峰教授温文尔雅，汤拥华教授文质彬彬……虽然我只是偶尔"蹭"过几次他们的课，学术讲座也大多限于在网上参与，但他们思想的锋芒犹如彗星般启迪了我，也想在此向他们表达敬意。另外，要特别感谢浙江大学的郭晓老师，感谢他为我提出的宝贵修改意见。

除此之外，也要感谢这段时间每一位出现在我生命中的人。无论是相见恨晚、有着共同审美喜好的陌生网友，还是跨过欧亚大陆飞回来跟我一起漫步午夜街头的少年，抑或跟我一起在寒冷冬夜聊过保罗·策兰的书店老板，你们的出现让我一次次感受到生命原来是一场场偶然的事件，让我意识到生活的无限可能性。也正是怀着这样的期望，让我继续在学术道路上前行。

杜超

2022 年 5 月 23 日